为什么你不行

没有责任力 谁敢任用你？

责任力

职场第一核心竞争力

李兵珂◎著

ZERENLI

ZHICHANG DIYI HEXIN JINGZHENGLI

中国华侨出版社

图书在版编目（CIP）数据

责任力 / 李兵珂著. ——北京：中国华侨出版社，2011.5
ISBN 978-7-5113-1336-2

Ⅰ.①责… Ⅱ.①李… Ⅲ.①企业－职工－职业道德
－通俗读物 Ⅳ.①F272.92-49

中国版本图书馆CIP数据核字（2011）第059960号

● 责任力 ·

著　　者 / 李兵珂
责任编辑 / 赵姣娇
责任校对 / 志　刚
经　　销 / 新华书店
开　　本 / 787×1092毫米　16开　印张/14　字数/230千
印　　刷 / 三河市祥达印装厂
版　　次 / 2011年8月第1版　2011年8月第1次印刷
书　　号 / ISBN 978-7-5113-1336-2
定　　价 / 29.80元

中国华侨出版社　北京市朝阳区静安里26号通成达大厦3层　邮 编：100028
法律顾问：陈鹰律师事务所
编辑部：（010）64443056　　　传真：（010）64439708
发行部：（010）64443051
网　　址：www.oveaschin.com
E-mail: oveaschin@sina.com

序 言
PREFACE

　　作为公司的一名普通职员，理所当然要有责任意识。一位哲人说："人生所有的履历都必须排在勇于负责的精神之后。"受到责任内在力量的鼓动，我们经常会生起一种崇高的使命感和归属感。曾有个企业管理者说，假如你能真正钉好一枚纽扣，这比你缝制一件粗糙的衣服更有价值。恪尽职责地对待自己的工作，不管你处在什么岗位，也不管你的工作是什么，重要的是要真正做好自己的工作。人这一生当中，有很大一部分时间是和工作联系在一起的，而要想在工作中有所作为，要想在工作中体现自己的人生价值，实现自己的抱负，首先必须有出色完成工作的责任感。从某种角度来讲，责任就是人生的一种升华。

　　作为企业的管理者，更要具有责任意识，更要具有强大的责任力。"其身正，不令而行；其身不正，虽令不从。"其实就是让管理者给下属做个好榜样，别把下属给带歪了。所以，如果管理者勇于负责，对一切事物都具有高度的责任感，那么他的下属决不会遇到问题就推卸责任；反之，如果管理者喜欢找借口，他的下属所找的借口就一定比他还多！管理者就像个模具一样，要想生产出具有责任感的下属来，自己首先就要负责！

　　在我的身边，不乏亿万富豪。但是我每次同他们谈论，这些身价过亿的富豪们都在围绕着他们的产品做文章，而在我听来，他们明显是在推销产品。事实上，他们已经卖出了上百亿的产品，而金钱对他们来说也只是一个数字，但他们又为何要着急推销这仅仅只有几块钱的产品呢？当我向他们询问答案之时，他们几乎异口同声地回答：责任！

所以，不管作为企业的一名普通职员，还是作为企业的一名管理者，都必须对自己的工作负责，对自己的企业负责，对自己负责，对社会负责……人这一生甚至就是因为责任而来到这个世上的！

在IBM公司中有这样一个训条：员工能力与责任的提高，是企业成功之源。那么反过来，员工如果缺乏责任感，那么这家企业离破产也就不远了。当企业具有一群兼有高度的责任感和优秀的个人能力的员工时，他们就能乐观地迎接挑战，高兴地担负起实现企业远景的责任，企业才会不断的取得提升和进步。

最后，我想向读到这本书的读者说一句："作为企业中的一员，不管是普通的职员，还是一名管理者，你首先要学会负责。因为你如果不具有责任感，你的企业就时刻处于危险之中。"千万不要去怀疑这句话，更不要小看这句话。古人说："一言以兴邦，一言以丧邦。"一个国家尚且如此，更何况是一个企业呢？

目 ▲ 录
CONTENTS

第七章
责任面前　没有借口

第八章
承担责任　走向卓越

第九章
提高工作效率　强化工作责任

第十章
企业中层管理者责任素质

第十一章
提高责任能力的五把钥匙

第十二章
让责任成就你的人生

第一章
责任力决定竞争力

每一份工作都是一份责任

一个人无论从事何种职业，都应该心中常存责任感，敬重自己的工作，在工作中表现出忠于职守，尽心尽责的精神，这才是真正的敬业。每个人都肩负着责任，对工作、对家庭、对亲人、对朋友，我们都要负一定的责任。正因为担负着这样或者那样的责任，我们才对自己的行为有所约束。

工作等于责任，每一个职位所规定的工作任务就是一份责任，当我们从事这项工作时就应该担负起这份责任。责任感与责任又有不同，责任是对任务的一种负责和承担，而责任感是一个人对待任务、对待单位的态度。一个人责任感的强弱决定了他对待工作是尽心尽责还是浑浑噩噩，而这又将决定他工作成绩的好坏。当我们对工作充满责任感的时候，就能从中学到更多的知识，积累更多的经验，就能从全身心投入工作的过程中找到快乐。但是，当懒散敷衍成为一种习惯时，做起事来往往就会不诚实。这样，别人最终将会轻视你的工作，从而轻视你的人品。工作是生活的一部分，做着粗劣的工作，不但降低效能，而且会使人丧失做事的才能。

对待工作，是充满责任感、尽自己最大的努力去完成任务，还是敷衍了事，这在很大程度上成为决定成败的关键，所以我们必须让责任感成为我们脑海中的一种意识，深入到工作中的每一点一滴，并坚持下去。当然，做到这种境界可能并不十分容易，但不管怎样，责任感必须培养，也完全可以培养。比如，注意工作中的细节就有助于责任感的养成。

责任感是我们战胜工作中诸多困难的强大精神动力，它使我们有勇气排除万难，甚至可以把不可能完成的工作任务完成得非常出色。

当责任感成为一种习惯，成了一个人的生活态度，我们就会自然而然担负起责任，而不是刻意去做。当一个人自然而然地做一件事时，当然不会觉得麻烦，更不会觉得劳累。反之，一旦失去责任感，即使是做自己擅长的工作，也会做得一塌糊涂。因此，我们在做任何一项工作的时候，成不成功，通常取决于是否有强烈的工作责任感以及主动积极的工作态度。

然而，我们对待工作，要如何来强化工作责任感呢？首先，要充分发挥自己的主观能动性。我们接到工作任务后，不能只是被动地服从，抱着完成任务、敷衍塞责的态度去做。而正确对待工作的态度是：我们不仅仅要做好领导要求的工作，而且在工作中要有主动性，对自己所做的工作任务要切实负起责任，能够结合工作过程中的实际情况，创造性地完成任务，而不是拘泥于一定的形式，束手束脚，完全按照领导的吩咐办事。

其次，要保持积极、认真的工作态度。工作中，经常会遇到一些预想不到的困难，这时我们不能退缩，只能前进，鼓足勇气，增加干劲，懂得运用头脑，发挥自己的聪明才智，去克服遇到的各种困难。这就必须有着一种坚韧不拔的奋斗精神。最后，要有不断进取、开拓创新的精神。当今社会充满了竞争，我们都是竞争的主体。知识经济时代的到来，对大家的工作、学习、生活的能力提出了全新的要求，在优胜劣汰的市场竞争法则面前，人人平等。因此，我们不能仅仅满足于现有的知识及工作经验，在工作中要不断地充实自己、提高自己，虚心地向身边的同事学习，学习他们的宝贵经验并与新的知识相结合，才能使自己永远立于不败之地。

"一颗道钉足以倾覆一列火车，一根火柴足以焚烧一片森林，一张处方足以危害一个生命，一个蚁穴足以溃塌一条大堤，一个垫圈足以毁掉一架航天飞机。由此可见，责任重于泰山。"

我们不缺有才能的人，缺少的是有责任感的人。细节决定成败，细节源于责任，态度决定一切，态度来自责任，责任体现忠诚，创造卓越，决定成功。

责任感是我们赖以生存的基础

在大自然中，责任是一种生存的起点。同样，在一个企业里，责任是自我竞争的法宝。无论是生活还是工作，对于人类还是对于动物界，依据这个法则，才能够生存或者创造出神话。

动物园里有三只老虎，是一家三口。这三只老虎从小就一直由动物园饲养。为了维持生态平衡，恢复老虎的野性，动物园决定将它们送到森林里，任其自然生长。首先被放回的是那只身体强壮的老虎父亲。

过了些日子，动物园的管理员发现，老虎父亲经常徘徊在动物园的附近，而且看起来比以前瘦了许多，无精打采的。但是，动物园拒绝收留它，反而又把幼虎放了出去。

幼虎被放出去之后，动物园的管理者发现，老虎父亲很少回来了，偶尔带着幼虎回来几次。它的身体好像比以前强壮多了，幼虎也迅速长大了起来。看来，公老虎不仅可以把幼虎照顾得很好，而且自己过得也很好。动物园的研究人员总结出原因：为了照顾幼虎，老虎父亲必须得捕到食物，否则，幼虎就会面临饿死的结果，自己的日子也不会好过。管理员决定把剩下的那只母老虎也放出去。

这只母老虎被放出去之后，三只老虎再也没有回来过。动物园的管理员去森林中对这三只虎做过考察，发现这一家三口在森林里生活得非常不错。后来，动物学家解释了这三只老虎为什么能重返大自然生活。

"公老虎有照顾幼虎的责任，尽管这是一种本能，正是这种责任让他俩生活得好一些。母老虎被放出去后，公老虎和母老虎共同有照顾幼虎的责任，而且公老虎和母老虎还需要互相照顾。这三只老虎互相照顾，才能够重回自然，重新开始生活。"

看来，无论是动物还是人，责任都是生存的基础。责任可以确保生命在自然界中的延续，同样，责任也是确保一家企业是否能够在竞争中生存的力量所在。因此，每个企业的领导都喜欢有责任心的员工，而且这样的员工最终将得到重用。

据《解放军报》报道，有一位退伍战士回到原籍不久，报名应聘一家公司的秘书。经过几轮筛选，到考试时，百余名应试者所剩无几。角逐继续进行，可笔试题让这位退伍战士很为难。内容是："请你写出原单位名称，有多少人，在单位负责什么和你将为本公司提供什么最有价值的材料？"身为退伍军人，他忘不了在部队所接受的保密教育："宁愿落榜，也不能泄露军事秘密。"想到这里，这位退伍军人在试卷附页上写道："我非常愿意加入贵公司，可作为一名退伍军人，保守军事秘密是我义不容辞的责任。我只能交上一份空白的答卷，请谅解。"

在多项测试中对这位退伍战士一直看好的招考人员，无不感到吃惊和惋惜。公司总经理得知此事，立即调阅了他的全部应试材料，面对那张唯一的"白卷"，他露出了满意的微笑。他对下属说："懂得保守军事秘密的人，同样懂得保守商业秘密。这位退伍战士政治素质好，责任感比较强，应当优先录取。"

责任感是一种品质，具有这种品质的人才是真正优秀的人。不论在社会还是在家庭中，只有那些有责任感的人才能受到社会和他人的认可和尊重。所以，责任感可以说是一种竞争的法宝，使人不朽！

绩效源自责任，责任决定成功

著名管理大师德鲁克曾说过："责任保证绩效！"

可以说，我们的一生，都被"不负责"包围着，无处不在，使我们备受困扰和折磨。一位记者这样记述了自己深受"不负责"之苦的经历：

"前些日子，我订购了90平方米的玻璃用于装修，当时我站到订购柜台的职员身旁以确定她写的数量是否正确，结果还是枉然！建材公司开给我90平方米的账单，送来的货却是80平方米。"

也许，当你抱怨世界上充满"不负责"时，会被人误以为你是具有成见的极端挑剔者。事实上，我们身边之所以充满"不负责"，就是因为人们做事情不用心，对工作不负责。

在一所大医院的手术室里，一位年轻护士第一次担任责任护士。

"大夫，你取出了11块纱布。"她对外科大夫说，"我们用的是12块。"

"我已经都取出来了。"医生断言道，"我们现在就开始缝合伤口。"

"不行。"护士抗议说，"我们用了12块。"

"由我负责好了？"外科大夫严厉地说，"缝合。"

"你不能这样做！"护士激动地喊道，"你要为病人负责！"

大夫微微一笑，举起他的手，让护士看了看第12块纱布。"你是一位合格的护士。"他说道。他在考验她是否有责任感——而她具备了这一点。

在医院里，即使是刚参加工作的护士，她的责任感也足以使她对病人负责，保证手术病人的安全。在企业里，员工的责任意识也是如此。

现在，很多企业都在寻找各种方式和方法来提高工作的绩效。不过很多企业发现，无论是优秀的管理模式还是先进的管理经验，一应用到自己的公司就"不灵"了，工作绩效并没有明显的提高。

这是为什么呢？答案就是员工缺乏足够的责任心。责任与绩效之间的关系应该是成正比的关系。当一方面提高时，另一方也随之提高；反之，当一方面下降时，另一方也会随之下降。所以，要提高工作绩效，首先要确保员工的责任心。

美国著名的职业演说家马克·桑布恩常常讲邮差弗雷德的故事，因为弗雷德的责任心使他深受感动。

弗雷德是美国邮政的员工，他总是十分周到并细致入微地照顾他服务的客户。有一次，桑布恩去外地出差，联邦快运公司误投了他的一个包裹，把它放到了别人家的门廊上。幸运的是邮差弗雷德在发现他的包裹送错了地方后，便把包裹捡起来，重新放到桑布恩的住处藏好，并在上面留了张纸条，解释事情的来龙去脉，而且还费心地找来擦鞋垫把它遮住，以免丢失。弗雷德这种认真负责的精神让桑布恩既惊讶又温暖，于是马克·桑布恩开始把弗雷德的事迹在全国各地演讲。

桑布恩说在10年的时间里，他一直受惠于弗雷德的优质服务。一旦信箱里的邮件被塞得乱糟糟，那准是弗雷德没有上班。因为只要是弗雷德在他服务的邮区里上班，桑布恩信箱里的邮件就一定是整齐的。

应该说弗雷德的工作是很平凡的，但是他对工作强烈的责任心使他在平凡的工作中展现出了不平凡的一面。

美国独立企业联盟主席杰克·法里斯曾讲起他少年时的一段经历。

13岁时，他就开始在父母的加油站里工作。那个加油站里有三个加油泵、两条修车地沟和一间打蜡房。法里斯想学修车，但他父亲却让他在前台接待顾客。

当有汽车开进来时，法里斯必须在车子停稳前就站到司机门前，然后忙着去检查油量、蓄电池、传动带、胶皮管和水箱。在工作中，法里斯注意到，如果他干得好的话，顾客大多还会再来。于是，法里斯总是多干一些，帮助顾客擦去车身、挡风玻璃和车灯上的污渍等。

有段时间，每周都有一位老太太开着她的车来清洗和打蜡。但是，这位老太太极难打交道，每次当法里斯清洗完毕后，她都要再仔细检查一遍，让法里斯重新打扫，直到清除掉每一缕棉绒和灰尘她才满意。

终于，法里斯忍受不了了，他不愿意再伺候她了。然而，他的父亲却告诫他："孩子，记住，这是你的责任！不管顾客说什么或做什么，都要努力做好你的工作，并以应有的礼貌去对待顾客。"

父亲的话让法里斯深受震动，法里斯在回忆中说道："正是在加油站的工作使我学到了严格的职业道德和负责的工作态度。这些东西在我以后的职业生涯中起到了非常重要的作用。"

海尔集团总裁张瑞敏曾说过这样一番话："如果让一个日本人每天擦6遍桌子，他一定会始终如一地做下去；而如果是一个中国人，一开始他会按要求擦6遍，慢慢地他就会觉得5遍、4遍也可以，最后索性不擦了。中国人做事的最大毛病是做事不认真、不负责。每天工作欠缺一点，天长日久就成为落后的顽症。"

责任保证工作绩效。当我们在工作中凡事都能尽职尽责，追求完美时，我们就将会与"胜任"、"优秀"、"成功"同行。

多一分责任心，就多一次成功的机会

如果你想得到更好的发展，就千万不要以为只要做好自己的本职工作就够了。你要始终记住你是企业中的一员，企业的兴衰成败与你息息相关，当你多奉献一份力量，多承担一份责任后，便为企业大厦添了一块砖，加了一块瓦。

你愿意承担的责任有多大，你的成绩就会有多高。一名优秀的员工从来不只是满足于把自己的本职工作做好就够了，他们在做好本职工作的同时，还会积极主动地寻找一些可以做的事，主动承担一些其他的责任——这正是他们卓越的原因所在。

我们是不是只要把我们的本职工作做好就够了呢？大多数员工都认为只要把自己的本职工作做好就可以了，这样一来就算是对得起老板开付的薪水。不错，如果，我们以这种态度和心理去面对工作，大抵上也没有什么问题。但是如果我们始终只立足于做好自己的本职工作的话，就等于为自己的职场发展画上了一个圈，我们只能在圈子内发展，无法得以突破，就是说我们始终只能是一名普通的员工，不可能成为深受老板重用的员工。

小朱没有多高的学历，仅仅高中毕业。像他这种学历的人比比皆是，在高学历人成堆的北京是很难寻找到一份薪水高、待遇好的工作。可是，令人难以相信的是，他竟然成为了一家高科技公司某部门的主管，下属都是比他学历高的本科生、硕士生。这究竟是怎么回事呢？

其实，他能拥有今天的成就，就是因为他不仅能把自己的本职工作做好，还会挖掘出潜在的责任，像老板一样去思考，承担责任。

小朱是经过一位好心的老乡介绍才进这家公司的，做一名负责送货的送货员，虽然每月的薪水只有 800 元左右，但是很轻松。与小朱一块儿负责送货的还有另外几个年轻人，因为工作轻松的缘故，他们在送完货后，便会在办公室休息等待下一次任务到来。小朱没有像他们那样坐在办公室内等，而是主动去找一些力所能及的事情来做，这些事情大多数不是小朱的工作，但是他都默无言语地去做了。例如：如果他恰好没出去送货，发现地板上很脏，便会拿起拖把，把它拖干净。

那几个送货的年轻人笑小朱傻，没事找事，他这么做老板又不会多发给他薪水。

小朱憨憨一笑："反正没什么事做，这样我又不亏什么。"

小朱所做的一切，老板都看在眼里，从心里欣赏这个勤劳的小伙子，公司的其他同事也十分喜欢小朱。很多同事有什么事情都喜欢叫小朱帮忙，他们在工作休息的时候，也乐意于和小朱交流，讲述一些小朱想了解的知识。一来二去，小朱渐渐地对公司的产品有了一些了解，并对产品所出现的大部分问题都能解决。

一天，他因没有外出送货的任务正在办公室休息，电话响了，是一位购买和使用他们公司产品的客户打来的，说机器出现了问题，希望维修人员过去一趟帮助修理。小朱做好了记录，并且询问了具体的问题的特征之后，才放下电话。

他拿着做好的记录去寻找维修人员，可维修人员恰好不在。当他把这个情况告诉给老板，老板也一时与维修人员联系不上。这个时候，客户又打来了电话，问什么时候维修人员能到，他们真的急需用那台机器。正在老板一筹莫展时，小朱想了想机器出现的问题症状，觉得自己有把握修好，便主动提出是否可以让他去看看。

老板几乎不敢相信自己的耳朵，想了想就同意让小朱先去看看，并告诉小朱，如果真的不能处理就稍微等一会儿，维修人员回来后会立刻赶过去。

维修人员正准备前往那位出现问题的客户处时，小朱回来了，并且告诉老板问题已经解决，并没有多说什么就离开了。

老板感到十分诧异，也就是从那一刻起，才开始真正地注意上小朱。他认为小朱是一个可塑的人才，并且对他进行多方面培养，最后把小朱从送货员提拔到今天的位置。

当你看完小朱的故事后，可能觉得小朱的运气真好，遇上了这样的好老板。但是现实生活中，由于某些因素，掩盖了事情的本来面目，导致了我们看待问题有很大的局限性。其实，小朱令人羡慕的机遇是他自己创造的，我们不妨想想与小朱一块儿从事送货工作的另外几个年轻人，为什么只有小朱能从一个送货员一跃成为公司的中层主管呢？

主要原因就在于，小朱并不满足于做好自己的本职工作，他挖掘出了自己的潜在职责，像老板一样的思考，真正做到了把企业当做是自己的事业，一切以企业的兴衰成败作为标准，主动承担责任。勇于挖掘潜在的责任吧！像老板一样去思考，那么你就是一名成功的员工。

想一想，你是否真的满足于自己已经取得的成绩呢？难道你不想拥有更好的发展吗？如果你想得到更好的发展，就千万不要以为只要做好自己的本职工作就够了。你要始终记住你是企业中的一员，企业的兴衰成败与你息息相关，当你多奉献一份力量，多承担一份责任后，便为企业大厦添了一块砖，加了一块瓦。因此你会得到老板的青睐，想想看，如果你是老板，会不喜欢这样的员工吗？

你是想成为飞翔职场的雄鹰，还是躲在现有成绩屋檐下的麻雀，一切在于你自己，看你是只求做好本职工作，还是敢于承担并非属于本职工作之外的责任。一个人的成就与他敢于承担的责任成正比。

糊弄工作就是糊弄自己

在一些公司内常常笼罩着一种紧张的气氛，员工抱怨老板太苛刻，整天像监工一样监督自己；老板则抱怨员工不能尽职尽责，一转身的工夫就糊弄工作，没有监督就没有工作。

确实，有些老板过于苛刻，他们时刻盯着员工的一举一动。但是，作为员工，我们是否也应该自我检讨一番呢？任何人都无法否认，糊弄工作是如此普遍地存在于各个公司和组织之中，已经成为当今社会的痼疾。

世界上绝顶聪明的人很少，绝对愚笨的人也不多，一般人都具有正常的能力与智慧。但是，为什么许多人却无法取得成功呢？

世界上到处都是一些看起来很有希望成功的人——在很多人的眼里，他们能够成为而且应该成为各种非凡的人物，但是，他们最终并没有成功，原因何在呢？

一个最重要的原因在于他们糊弄工作，不愿意付出与成功相应的努力。他们希望到达辉煌的顶峰，却不愿意经历艰难的道路；他们渴望取得胜利，却不愿意作出牺牲。糊弄工作、投机取巧成了一种普遍的社会心态，而成功者的秘诀就在于他们能够摒弃这种心态。

有这样一个故事：有一段时间，老农夫一直用牛和骡子一起耕地，耕作工作相当辛苦。

年轻的小牛对老骡子说："今天我们装病吧，休息休息。"

老骡子却答道："不行呀，我们还是努力把工作做好吧！因为耕种的季节很短呀，做完了就可以好好休息了。"

但小牛不听，最后还是装病休息。为此，农夫给它弄来新鲜的干草和谷物，尽量让它舒服些。

等老骡子耕种回来，小牛便向老骡子询问地里的情况。

老骡子回答道："没有我们俩在一起时耕种得多，但也耕种了不小的一段距离。"

小牛又问老骡子："主人说我什么没有？"

"没有。"老骡子回答。

第二天，小牛还想偷懒，就再次装病。当老骡子从田间回来时，小牛又问老骡子："今天怎么样？"

"还不错，我认为。"老骡子答道，"但耕种得还不是太多。"小牛又问道："主人说我什么了？"

"啥也没有对我说，"老骡子说，"但是，他却停下来和屠夫说了好长时间的话。"

的确，糊弄工作、投机取巧也许能让你获得一时的好处，但是从长远来看，对你则是有百害无一利。

无论在什么地方，那些糊弄工作的人往往会成为裁员的"热门人选"。对于一个企业来说，拥有优秀的员工，企业的发展才能蒸蒸日上。如果公司内有太多的"糊弄员工"而不及时剔除的话，那么就会像一个烂苹果迅速使箱子里的其他苹果也腐烂掉一样，他们也会使企业慢慢腐蚀掉。

工作就像一面镜子，你怎样对待它，它就怎样对待你。

亨利和阿尔伯特是同班同学，两个人大学毕业后，恰逢英国经济动荡，都找不到适合自己的工作，便降低了要求，到同一家工厂应聘。恰好，这家工厂缺少两个打杂的职员，问他们愿不愿意干。亨利思索了一会，便下定决心干这份工作，因为他不愿意依靠领取救济金生活。

尽管阿尔伯特根本看不起这份工作，但他迫于生计愿意留下来陪亨利一块儿干一阵子。因此，阿尔伯特上班时懒懒散散，每天打扫卫生敷衍了事。一次，两次，三次，老板认为他刚从学校毕业，缺乏锻炼，再加上恰逢经济动荡，也同情这个大学生的境遇，便原谅了他。然而，阿尔伯特内心深处对这份工作抱着很强的抵触情绪，每天都在应付自己的工作。结果，刚干满3个月，便被老板辞退了，又回到社会上，重新开始找工作。当时，社会上到处都在裁员，哪儿又有适合他的工作呢？他不得不依靠社会救济金生活。

相反，亨利在工作中，抛弃了自己作为大学生高等学历拥有者的身份，完全把自己当做一名打扫卫生的清洁工，每天把办公走廊、车间、场地都打扫得干干净净。半年后，老板便安排他给一些高级技工当学徒。因为工作积极，认真勤快，一年后，他便成为老板的助理。而阿尔伯特此时才刚刚找到一份工作，是一家工厂的学徒。但是，他认为自己是高等学历拥有者，应该属于白领阶层。结果，在自己的工作岗位上，仍然把活干得一塌糊涂，终于在某一天又回到街头去寻找工作。

故事中阿尔伯特的情况在职场上并不少见，"阿尔伯特"式的员工在职场也比比皆是。但这种不负责、不认真或者是自以为是的行为会造成一些很不好的影响或后果，在你以后的人生道路上，不一定在什么时候，突然显现出来，令你对当年的行为追悔不已。

因此，在你的工作中，没有可以随意打发糊弄的事情，种下什么种子，将来必定收获什么样的果实。

有些人本来拥有出众的才华，前途充满了光明，但在工作中却不愿意付出相应的努力，所以往往一事无成。生活中的无数实例都生动地证明了这样一个道理：在工作中，如果总是试图糊弄工作，可能表面上看起来会节约一些时间和精力，但结果却往往是浪费了更多的时间、精力和金钱。

在职场中，只有认真工作才是真正的聪明。职场中提升最快的往往是那些工作认真、踏实肯干的人。而那些表现欠佳，应付公司、糊弄工作的员工，也往往是公司最先考虑的辞退对象。因为今天你糊弄工作，明天工作就会"糊弄"你，你就有可能成为公司裁员的对象。

第二章
每个人都是责任者

责任意识是每位员工最重要的意识

在现实中，我们常常看到：对上级交办的、领导重视的事情，会做得非常漂亮，否则，则是随便应付。两相比较，形成了明显的差别。我们去餐馆吃饭，常常碰到餐桌上的转盘转不动，难道是我们的生产技术落后吗？当然不是，我们的卫星都已经上了天，我国的科学技术已经达到了世界先进水平。其根本原因是我们个人责任意识的缺乏导致我们做事情不认真，导致我们讲客观不讲主观，讲外因不讲内因。

面对大灾大难、在民族存亡的危急时刻，国人往往能够万众一心、勇往直前，表现出"国家兴亡，匹夫有责"的民族气质。但是在小事上，我们又常常出现推诿、抱怨、拖延、执行不力的劣根性。其根源就是我们每个人的责任素质的缺乏。有责任意识的员工面对问题的时候，他不会抱怨，而是问自己，我还能做些什么？我们应该用这句话来代替所有的埋怨和推卸责任。

一个具有强烈责任感的员工，必然会受到他人的尊重、信赖和拥护，而重视责任感也是企业之树常青的保证。一个具有强烈责任感的人，最终会获得回报，因为他受到了别人的尊重、信赖、拥护，会被赋予更多的重任，有更大的舞台，会为企业、社会创造更多的价值。他劝导那些也许现在还不成功甚至还在为生存发愁的人们：只要拥有了"责任"这一品格，并且由这种品格自然延伸出尽最大努力追求尽善尽美的职业风格，那么，你终究会拥有良好的声誉，因为"责任"本身就是通往成功的最大秘密武器。

有人也许会问，难道一个企业的员工，只要具有强烈的责任感，无论资源多少，也不论水平高低以及方法如何就能成功吗？当然不是，我们不能片面地理解"责任"这两个字。

责任是一种能力，但胜于能力。一个真正有责任感的人，会努力地、不断地学习，全面提高自身的素质和能力；会客观地审视自我，不断改变自我、超越自我，从而更好地履行职责。一个人的能力需要通过尽职尽责的工作才能完美地体现，责任会让你的潜力得到充分的发挥。

在同一学历、经历、年龄层面的员工当中，其智商、能力、水平往往并没有太明显的区别，但为什么他们在成就上有时候会有天壤之别呢？说到底就是一句话：责任感不同！有强烈责任感的人，即使学历、水平不如别人，但往往会做出令人意想不到的业绩。许多人爱将自己的失败归咎于机遇等客观原因，实际上都不是在真正的反省，而是在"自欺欺人"，最终受损失的还是自己，因为你失去了最宝贵的机会和时间。不仅仅企业的员工是这样，就连企业本身也是如此。一个充满着责任感的企业，一定会比缺乏责任感的企业发展得更健康、得到更多人的支持，并且更能经受住困难和挫折的考验。因为责任感会使企业善待员工而更有凝聚力，责任感会使企业更加对用户负责而增强用户的忠诚度，责任感会使股东更有投资信心而持续壮大资本力量，责任感会使社会、政府对企业有更多的关怀而获得更多的发展资源。

责任心绝对不是简单的等价交换，而是发自内心的无私回报和奉献，至少是先付出后得到。感恩之心更不能是"作秀"，而是内心世界的平衡和满足。当一个人对父母、家庭、朋友、岗位、企业、民族、国家充满着感恩之心时，一定会油然而生对他们的责任感。

责任是分层面的，小责任要服从大责任，儒家文化提倡的"忠、孝、仁、义"，"忠孝不能两全"也正是体现了这样的思想。所以在你承担责任的时候，就必须建立分层次的责任感，小责任要服从大责任，要暂时作出自我牺牲，要能够舍"小家"而为"大家"。

责任是对自己、对团队、对结果负责。工作就意味着责任，职责就意味着责任。岗位职责是可以事先描述的，但是再严格的管理方法，都不可能全部预见未来。同样的岗位，用一个具有强烈责任感的员工和一个缺乏责任感的员工（即使专业能力再强），结果会完全不一样。因为有强烈责任感的员工，会因为对结果负责而"调整"预定职责；缺乏责任感的员工，只会对预定的过程负责甚至对过程都不负责，因为要寻找推卸责任的借口那是太容易了。

　　责任是企业提高执行力的关键，只有一群具有强烈责任感的员工，才会努力应对在实际操作中所遇到的困难，并且义无反顾地为共同达到目标"公而忘私"，于是他们会先放弃彼此的分歧，放弃一切交叉和模糊的工作"边界问题"纠纷，会为了大目标而牺牲小团体的利益，通过妥协、合作而追求结果。但是一个毫无责任感的团队，只会为鸡毛蒜皮的事无休止地争吵，为本位的利益而相互争斗，甚至不惜"破釜沉舟"。遇到这样的团队，那么，再好的战略和决策也转化不成预期的结果。

不可或缺的成功因素——负责任

　　企业是社会的一个单元，仅以赚钱为目的的企业是不会有长久发展的。企业要想有更大的发展，就要有一个更高层次的目标。这个目标可以是造福人民、为社会创造财富，也可以是促进社会科技的进步。总之，企业的长久发展一定是建立在回馈社会的基础上。企业和社会的关系就好像鱼和水一样，鱼的生存和发展必定离不开水，鱼一旦离开水，最后的结果一定是死亡。因此，很多企业都把企业的目标定为：尽自己所能为社会出力，力争使公司的利润能够取之于民、用之于民。

　　自然界，动物群体生存能力的强弱，取决于领头者的能力。就像蜜蜂中的蜂王，狼群中的头狼，在捕食和迁移的过程中起决定作用。弱肉强食的自然界，一个优秀的领导者是保证群体生存的关键。而在竞争激烈的市场环境中，一个企业要想健康向上地发展，必须要有一个优秀的领导者和优秀的管理团队。既然选择了去当这个员工，就要勇于去承担领袖的责任，这就是担当。带领一个团队，员工就是第一责任人，团队失败了，承担责任是再自然不过的事情。因此，不管什么问题，员工就是第一责任人，要勇于承担一切责任。

　　有这样一个真实感人的故事：

　　2008年1月21日，长沙进入南方冰灾最冷的一天，全市119条公交线路，仍在保持运行。为了上班的市民，为了上学的孩子，为了整个城市不陷入瘫痪，8000多名公交人选择了坚持，所有的公交车都没停，所有的线路只要能通的都有车跑，每天都保证正点。替同事代班的38岁的公交司机周泽良，由于连续加班过度劳累，猝死在方向盘前。然而他却用全身最后一丝力气，死死踩下了刹车，保证了 57 名乘客的安全。

若他不踩刹车肯定是车毁人亡，因为十字路口的前方是个下坡，坡后紧连着一座立交桥，桥面上结着一层厚厚的冰。当时身体已感到不适的周泽良，也许是想再坚持一下，把车上的 57 名乘客送过这段危险的路程。虽然他终究没能坚持下来，但他还是拼尽全身最后的力气踩下刹车，熄了火，把汽车死死地停稳在了路边。他感到自己不行了，又要踩刹车让车停稳，那时全身力气已经用完了。他在最后的时刻，为保证乘客的安全，把车刹住了。

车停稳了，车上 57 名乘客毫发无伤，拼尽了全身力气的周泽良，却倒在了方向盘上。雪还在下着，无声无息，无穷无尽。

2008 年 2 月 1 日，中华总工会追授周泽良同志"全国五一劳动奖章"；2008 年 2 月 8 日，湖南省人民政府追认周泽良同志为"革命烈士"；2008 年 2 月 16 日，长沙红光巴士公司作出决定：将周泽良生前驾驶的 915 路 185 号车命名为"泽良号"。

这位司机在危难的时候还能清醒地意识到自己的责任，并勇敢地扛起它，无论对于自己还是对于社会都是问心无愧的。人可以不伟大，但我们不可以没有责任。任何时候，我们都不能放弃肩上的责任，扛着它，就是扛着自己对生命的信念。

世界著名的哲学家、诗人马尔克思说："存在的道理就是负责任——一种对自己和对他人的责任，只有付出责任才能得到别人的尊重与关怀。"只有那些能够勇于承担责任的员工，才有可能被赋予更多的使命，才有资格获得更多的荣誉。

尧是传说中的帝王，是现有史料所载第一个敢于自己检讨自己的上古贤君。在贾谊的《新书修政语》中有如下记载："吾存心于千古，加志于穷民，痛万姓之罹罪，忧众生之不遂也。故一民或饥，曰：此我饥之也；一民或寒，曰：此我寒之也；一民有罪，曰：此我陷之也。"

由此可见，尧所致力的是千古不朽的事业，其志在解救劳苦大众，因此当他看到百姓遭受灾难、生活得不称心如意时，便从心里感到难受，认为这都是他自己统治失误造成的。这种敢于承担责任的胆气奠定了尧统治时代的太平盛世，也是后人对他敬仰的主要原因。

所以，作为员工首先要有责任感，就好比当你尊重了别人，别人也会尊重你一样，当你对别人负起了责任，别人也同样会对你负起责任来。

我曾经听到这样一个故事：有一位顾客买东西送给家人，另外要求给产品加一个包装。虽然加包装不是店里的业务，但店主还是答应了。可是在出货单上忘了加上这个备注。第二天，顾客来取货物，却没有包装，顾客非常不开心。怎么处理呢？店主赶紧主动承认了自己的错误，并亲自陪顾客送去附近的礼品店包装一下，费用由店主承担。在礼品店按顾客的意愿打好包装，顾客的家人也十分喜欢，最后，顾客对这次的交易还是非常满意的，很愉快地表示下次还要来购物。

其实，店里本来是不提供代客包装服务的，但是因为店主答应了顾客，就一定得做到，这就是一种责任。可是因为后来的疏忽，导致了这个错误，店主就有责任来弥补这个错误。店主说："顾客到店里来购物是一件挺不容易的事情，更何况在竞争激烈的环境下。不能因为最后可能会导致亏损就不去承担这个责任。"事实证明，承担责任不仅给这家店带来了更多的收益，而且也赢得了顾客的尊重。

事实上，一个缺乏责任感的员工，或者一个不负责任的员工，首先失去的是社会对这个人的基本认可，其次失去了别人对他的信任与尊重，最后也失去了他自身的立命之本——信誉和尊严。

一家公司招聘一名部门经理，经过几番考试后，最后留下三个人。面试地点在总经理办公室。总经理并没有问他们关于业务方面的问题，只是带领他们参观他的办公室。最后，总经理指着一张茶几上的花盆对他们说，这是他最好的朋友送的，代表着他们的友谊。就在这时，秘书走进来告诉总经理，说外面有点事情请他去一下。总经理笑着对三人说："麻烦你们帮我把这张茶几挪到那边的角落去，我出去一下马上回来。"说完，就随着秘书走了出去。

既然总经理有吩咐，这也是表现自己的一个机会。三人便连忙行动起来，茶几很沉，须三人合力才能移得动。当三人把茶几小心翼翼地抬到总经理指定的位置放下时，那个茶几不知怎么折断了一只脚，茶几一倾斜，上面放着的花盆便滑落了下来，在地上裂成了几块。

三人看着这突如其来的事情都惊呆了。就在他们目瞪口呆的时候，总经理回来了。看到发生的一切，总经理显得非常愤怒，咆哮着对他们吼道："你们知道你们干了什么事，这花盆你们赔得起吗？"

第一个应聘者似乎不为总经理的强硬态度所压倒，说："这不关我们的事，我们不是你们公司的员工，是你自己叫我们搬茶几的。"他用不屑一顾的眼神看着总经理。

第二个应聘者却讨好地说："我看这事应该找那茶几的生产商去，生产出质量这么差的茶几，这花盆坏了应该叫他赔！"

总经理把目光移到了第三个应聘者的身上。第三个应聘者并没有像前两位那样，而是对总经理说："这的确是我们搬茶几时不小心弄坏的。如果我们移动茶几时小心一点，那花盆应该是没事的。"还没等他把话说完，总经理的脸已由阴转晴，脸上露出一丝笑容，握住他的手说："一个能为自己的过失负责的人，肯定是一个值得信任的人，你一定能得到大家的尊敬，我们需要你这样的管理人员。"

每个人在工作中都不可避免会犯一些错误，产生错误并不可怕，关键是我们面对错误的态度。只要能够勤奋地工作，认真、负责地处理日常事务，就会得到别人的敬重和支持。反之，一个人即使高高在上，却不敢承担责任，丧失了基本的职业道德，也会遭到他人的鄙视和唾弃。

在这个商业化的社会里，人们越来越欣赏那些敢于承担责任的人。大家认为，只有这样的人才能给人一种信赖感，才值得与之交往，也只有这样的人，才能为公司带来效益。所以，我们应该培养勇于负责的精神，这样，才会获得别人的敬重，为自己赢得尊严。

责任落实的科学方法

企业界有一种普遍的说法：如果仔细观察一个业务流程，你将发现其中百分之八十的活动都是浪费。这说明了生产率可提高的空间是巨大的。大约在一个世纪前，泰勒就看到了社会对资源的巨大浪费，而且认为对人力资源的浪费要大于对物质资源的浪费。

遗憾的是，如果让泰勒先生来看看今天的企业管理，他将惊讶地发现一百年前的管理方法还是随处可见，他致力解决的问题现在仍然存在。就拿计件奖金制或者计件公分制这一例子来说吧。大家知道，充分调动员工的积极性是企业成功的关键。为了激励员工努力地工作，员工精心设计了一个奖金体系，把员工的产量和薪酬挂起钩来，认为这下问题就解决了，企业的利益就能达到最大化。这种管理方式的问题在哪里？问题就在于企业领导者高高在上，他们不了解员工面临的实际工作，不知道一位员工一天的产量究竟应该是多少。他们希望每位员工各尽所能地去寻求、发现最有效的生产方法。结果却恰恰相反，因为如果一位员工提高了生产量，那么企业领导者将意识到原来他一天可以生产如此之多，进而降低他的单位产量的奖金。这样，员工今后如要赚同样多的钱就需要付出更多的劳动。聪明的员工不难看到，增加产量并不符合自己长远的利益，而"磨洋工"才是求生之道。更有甚者，每一位员工的积极性同时受到其他员工的约束。如果一位员工努力地去提高产量，他将遭到其他员工的反对，因为大家不希望一位员工产量的提高把其他人的奖金降下来。计件奖金制带来了"集体磨洋工"！员工原本希望计件制能创造一个"能者多劳""多劳多得"的工作环境，但在员工看来它却意味着"吃力不讨好"。因此，计件制远远没有充分调动员工的积极性。大家不要误会，计件制本身并没有错。问题在于员工没有真正担负起自己的责任，这就是《科学管理原理》所说的管理的重要性。

那么，员工应该做些什么呢？大家知道，一个工人的智慧远远不及一个工厂里所有工人的智慧的总和，而把集体的智慧汇总起来并制订出最佳的操作规程是员工必须做的事情。管理学家泰勒曾经列举了许多鲜活的例子，来说明如何应用科学的方法(如动作和时间研究)发掘集体的智慧并给予提高，并且把最佳的实践变成新的工作标准。当然，对员工的培训是很重要的，如果发现一名员工不适合做某项工作，那么就必须对他的工作进行调整，包括调离岗位。科学管理方法要求员工了解实际工作，这样才能给出合理的工作任务，并按任务完成的情况发放奖金。这样，生产效率提高了，公司可以在提高产量的同时提高工人报酬或者缩短工作时间，达到双赢。所以科学管理原理打破了雇主和雇员是对立双方这一传统观念，把企业和员工的利益统一起来了。这是泰勒思想的伟大之处。最近十分流行的丰田生产系统、精益生产、摩托罗拉的六西格码等等都可以说是建立在泰勒的科学管理原理之上的现代管理思想，它们无一例外地强调员工的责任和科学方法的重要性。

在企业中，不同的工作就有不同的科学方法与之相适应，但每一件工作都必须符合科学的理念。换言之，工作职责虽千差万别，但工作原则必须遵照科学原则。那么，一个企业的员工究竟要担负起哪些责任呢？简单来说，大致有四种：

责任之一：带领下属完成既定的工作任务。这是最基本的责任，如果一个员工连这一点都做不到，那肯定是一个不合格的员工。在完成工作任务的过程中，要学会授权，将工作任务分解，然后分配给下属，分配的原则就是让合适的人做合适的事。任务分配给下属以后，不能不闻不问，还要有一个跟踪监控的过程，适时地给下属以指导，起到一个"为人之师"的作用；而不是当下属完不成任务或做错了时候，把所有的责任都推给下属。

责任之二：为自己的岗位或企业培养后备人才。这就要求平时除了把本职工作做好之外，还要多注意观察和培养下属，根据每个下属不同的特点，帮助他们做好职业生涯的规划，为企业培养接班人。这不光能激励下属好好工作，同时也打开了自己提升的一个空间。因为当你成为某个岗位不可或缺的人选，找不到接班人时，你的上升空间也就被限制住了！另外，一个人的生命和能力都是有限的，如果一个企业没有接班人，当唯一的决策者老了或退休的时候，那这个企业的命运自然可想而知！企业接班人对于企业的持续发展至关重要，接班人问题如果得不到解决，那么这个企业绝对不会有长久的发展。

责任之三：为下属创造良好的工作环境。没有人愿意在糟糕的环境中工作，所以一个高明的管理者会致力于工作环境的改善，从而提高员工工作的积极性。这个工作环境既包括工作场所的硬件设施，比如办公设施等，另外还包括领导和员工之间、员工与员工之间的关系。改善人与人之间的关系，创造一个和谐的工作氛围比硬件设施的改善更为重要！工作环境改善了，员工的观念会发生改变，从领导要求把工作做好转变为我要积极主动地把工作做好，那样工作效率就会提高很多。

责任之四：当下属犯了错误时，要勇于承担领导者的管理和领导责任。不能一味地把所有的责任全部推到下属身上，自己以一个局外人的身份去指责和批评下属，这样做会使得下属在工作时畏首畏尾，因害怕犯错而尽量少干活。正确的做法应该是首先查找自己工作存在的问题，担负起自己的监管和领导责任，然后和下属一起分析错误发生的原因，坦陈自己工作的不足之处，制订出防止差错再次发生的措施。总之对下属的处罚要适度，对自己的处罚要严格！

当一个员工把上述四种责任真正的落实到工作中去了，再配以科学有效的工作方法，我们可以想见这个公司的未来必然是光明的。但是，仔细观察当今企业的员工，大多数还是只说不做，仍然只是停留在口头上而已。其实，如果现在去问一个企业的员工：员工应该是个什么样子？很少有人能够给出正确答案。为什么员工不能回答？原因很简单，因为大多数员工都处于"失位"状态，不知道自己的责任是什么，更不知道自己应该做些什么。有了这样的员工，公司哪有不出毛病的道理？因此，员工最重要的不是如何费尽心机地去管理公司，而是为自己的工作尽到本分，回归到自己工作的本位上来，这才是最重要的。古人说："不怕念起，只怕觉迟"，如果你是这样的员工，那么请你赶快落实自己的工作职责，老老实实把工作做好，这就是一个成功的企业员工。

学会承担工作责任

1920年的一天，美国一位12岁的小男孩正与他的伙伴们玩足球，一不小心，小男孩将足球踢到了邻近一户人家的窗户上，一块窗玻璃被击碎了。一位老人立即从屋里跑出来，勃然大怒，大声责问是谁干的。伙伴们纷纷逃跑了，小男孩却走到老人跟前，低着头向老人认错，并请求老人宽恕。然而，老人却十分固执，小男孩委屈地哭了。最后，老人同意小男孩回家拿钱赔偿他15美元。而在当时，15美元是个不算小的数目，用那笔钱足可以买125只母鸡！对于这个每天只有几美分零花钱的小男孩来说，这是个想都不敢想的天文数字。

小男孩向父亲说了这件事，当然是希望父亲会替他承担这份责任。可是他没想到，一直对他宠爱有加的父亲却要他自己来负责。小男孩为难地说："我哪有那么多钱赔人家？"于是父亲拿出15美元，严肃地对儿子说："这笔钱我可以借给你，但是一年后你必须还给我。因为，承担自己的过错是一个人的责任，你不能逃避。"

于是小男孩把钱付给邻居后，就放弃了平日里热衷的各种游戏，把课余时间都利用起来做自己力所能及的工作。经过半年左右的不懈努力，他终于挣够了15美元，并把它还给了父亲。父亲高兴地拍着他的肩膀说："一个能为自己的过失负责的人，将来一定会有出息的。"平生第一次，他通过自己的顽强努力承担起了属于自己的责任。

后来在美国经济大萧条时期，他的父亲也破产了。那时男孩大学刚毕业，但他主动负担起整个家庭的生活，并资助哥哥在学校学习。接着，他成为一位著名的电视节目主持人。但就在他处于新闻事业顶峰的时候，同样是出于强烈的责任感，他公开批评了自己所在电视公司的最大赞助商——通用电气公司，因此他不得不离开传媒界，从此投身政界。

然而，就在他获得自己梦想的政界职位后，又一场经济危机阻碍了他的前行之路。于是他又负担起了领导当时世界上第一强国走出困境的责任，最终，他把一个开始复苏的美国交到了继任者手中，他就是美国第40任总统罗纳德·威尔逊·里根。后来里根总统在回忆自己小时候打碎窗玻璃这件事时说："一个人要勇敢地承认自己的错误，要勇敢地承担自己的责任。只有勇于承担责任的人，才能成为一个大有作为的人。"

我们可以看到，正是由于里根总统从小就树立起了承担责任的信念，才让他承担起了家庭的责任，甚至整个美国的责任。

那么，作为一名普通员工，又该如何承担属于自己的责任呢？

在大多数人的印象中，好像负责就要受到惩罚，就要为失败埋单，其实这是片面的看法。我们举一个例子来说吧！如果你在上班的路上看到了一场交通事故，但是肇事车辆已经逃逸，而这时候警察会问：谁来为伤者负责？在这个时候，你对这个伤者有责任吗？答案是肯定的！可能有人会说，自己只是一个过路的人，为何要对伤者负责？其实，这是曲解了"责任"的真实含义。对于一个伤者，你能做什么？如果细细推究起来，你还能做非常多的事情，这都是你的责任范围。例如，你可以拨打急救电话，将伤者送到医院；你也可以安慰伤者；甚至帮助警察找出逃逸的肇事车辆等等，这都是你应该担当的责任。由此可以看出，负责任不一定就意味着要为事情的后果全部埋单，而是要看我们还能够做什么，这才是最重要的。对于一个员工而言，他首先要消除的是对负责任的"恐惧感"，这是学会负责任的首要条件，也是最重要的条件。如果一个人对负责任非常害怕，又怎么可能去勇于承担责任呢？

另外，一个员工还要敢于面对失败，要有承认错误的勇气，培养一种正直的心态。员工要负责的对象很多，要对企业负责，要对家庭负责，要对员工负责，要对社会负责等等，其实归根结底就是要对自己的言行举止所产生的影响与结果负责，也就是对自己负责。是因为自己的言行举止造成的，自己当然要负责，这不仅仅是一个员工需要具备的素质，社会中的任何一个正人君子都应该有这种思想。换句话说，一个对自己的言行举止负责的人，必然是一个正直无私的人，这也是做人最起码的道德尺度。也正是因为这种原因，所以员工在生活中就要谨小慎微、防患于未然。可能有人会觉得，如此小心翼翼地处世不是一个员工应该具有的风范，其实这是大错特错。

总之，如果一个员工消除了对"承担责任"的误区，在工作中小心谨慎，养成一种对自己负责的习惯，那么他就一定能够承担工作中的责任，这是显而易见的道理。

不要推卸工作中的过错

如果一个人上班迟到了，老板问他，他十有八九会说：

"今天太堵了，所以迟到了！"

"今天公车来晚了，所以迟到了！"

"今天下雨，所以迟到了！"

"今天……"

但很少有人这样说："对不起，这是我的错！"

试问，一个连上班迟到这样的小错都不敢面对的人，他能够去承担更大的责任吗？这是一个成功的员工应该具有的表现吗？一个连错误都不肯承认的人，怎么可能成为一个负责任的人呢？但是，面对错误时，大多数情况是没人承认自己犯了错误；少数情况是有人认为自己错了，但没有勇气承认，因为很难克服心理障碍；极少数情况是有人站出来承认自己错了。譬如别人吩咐的事情我们没有做好，我们就推说"别人没有讲清楚"，或者推托"时间不够充分，来不及做好"。吃饭打破了碗，我们一般不检讨自己鲁莽冒失，却责怪"地下太滑了"、"石子太硬，不好走路"、"碗太不结实"，始终是别人不好，东西不好，自己永远是对的。我们为什么不肯认错呢？那是因为习惯的思维方式遇到问题不是首先检讨自己，而是习惯性地寻找自己以外的原因。总是盯着别人身后的影子，却看不见自己身后的影子。

在深圳有一家香港公司的办事处，有一位主管和一位职员。办事处刚成立时需要申报税项，由于当时很多这样性质的办事处都没申报，再加上这家办事处还没有营业，所以这家办事处也没申报。

两年后，在税务检查中，税务局发现这家办事处没有纳过税，于是做出了罚款决定，数额有几万元。这家办事处的香港老板知道这件事后，就单独问这位主管："你当时是怎么想的，现在发生这样的事情？"这位主管说："当时我想到了税务申报，但职员说很多公司都不申报，我们也不用申报了，考虑到可以给公司省些钱，我也就没再考虑，并且这些事情都是由职员一手操办的。"老板又找到这位职员，问了同样的问题。这位职员说："从为公司省钱的角度，再加上我们没有营业收入和其他公司也没申报，我把这种情况同主管说了，最终申不申报还应由主管做决定，他没跟我说，我也就没报。"

在错误面前，主管和职员都不敢承认自己的错误。最后，老板把他们两个人都开除了。一个连错误都不敢承认的人，又叫人如何放心把更大的事情交给他去做呢？

陈任和张明新到一家速递公司，成为工作搭档，他们工作一直都很认真努力。老板对他们很满意，然而一件事却改变了两个人的命运。一次，两人负责把一件大宗邮件送到码头。这个邮件很贵重，是一个古董，老板反复叮嘱他们要小心。到了码头，陈任把邮件递给张明的时候，张明却没接住，邮包掉在了地上，古董碎了。

老板对他俩进行了严厉的批评。"老板，这不是我的错，是陈任不小心弄坏的。"张明趁着陈任不注意，偷偷来到老板办公室对老板说。老板平静地说："谢谢你，张明，我知道了。"随后，老板把陈任叫到了办公室。"陈任，到底怎么回事？"陈任就把事情的原委告诉了老板，最后陈任说："这件事情是我们的失职，我愿意承担责任。"

陈任和张明一直等待处理的结果。老板把他俩叫到了办公室，对他们说："其实，古董的主人已经看见了你们在递接古董时的动作，他跟我说了他看见的事实。还有，我也看到了问题出现后你们两个人的反应。公司决定，陈任留下继续工作，用你赚的钱来偿还客户。张明明天不用来工作了。"

人们往往对于承认错误和担负责任怀有恐惧感。因为承认错误、担负责任往往会与接受惩罚相联系。人们通常愿意对那些运行良好的事情负责任，却不情愿对那些出了偏差的事情负责任。有些不负责任的员工在事情出现问题时，首先考虑的不是自身的原因，而是把问题归罪于外界或者他人，总是寻找各式各样的理由和借口来为自己开脱。比如：工作业绩不理想，那么一定是老板领导无方、相关部门不配合；老板不喜欢你，一定是他不懂得欣赏你；销售任务没有完成，一定是客户太挑剔……其实，这些都是无理的借口。这些借口并不能掩盖已经出现的问题，这些理由不会减轻你所要承担的责任，更不会让你把责任推掉。

千万不要利用各种方法来推卸自己的过错，从而忘却自己应承担的责任。人们习惯于为自己的过失寻找各种借口，以为这样就可以逃脱惩罚。有些员工总是强调，如果别人没有问题，自己肯定不会有问题，借机把问题引到其他人身上，来减轻自己对责任的承担。正确的做法应该是，承认它们，分析它们，并为此承担起责任，把出现的损失降到最低点。出现错误，更重要的是面对它们，要让人们看到你如何承担责任，如何从错误中吸取教训，具有这种态度的员工会被每一个人尊重。

第三章
恪尽职守　让责任成为习惯

只有做好自己的事才谈得上负责任

克里姆林宫的一位老清洁工曾说："我的工作同叶利钦的差不多，叶利钦是在收拾俄罗斯，我是在收拾克里姆林宫。每个人做好自己该做的事。"从表面上看，这位老妇人的话有点狂妄，一个清洁工的工作怎么能跟一位总统的工作相提并论呢？但是仔细思量，我们不能不佩服这位老清洁工，其实她的话中饱含着深刻的人生哲理。总统的工作无疑是非常重要的，但是清洁工的工作也不是可有可无的，搞好克里姆林宫的清洁，同样是在为国家尽义务，做贡献。

一个企业就是一个合作的集体，如果希望企业稳定发展，我们就应该做好自己的事情，各司其职，各安其业，自觉遵守纪律，逐渐培养实干的敬业精神。只有每个人都做好自己的事情，负起自己该负的责任来，这样企业才能正常地运转。

在生活或工作上，我们应该坦诚地面对每一天，努力吸收一些新知识来充实自己，不断地积累经验，总结教训，处理好自己的生活。上班时间应该安分守己，做好自己的本职工作。

著名作家王蒙在他的一篇文章里这么说道：

"如果您在国内是打篮球的，我希望您把球打得更好。"

"如果您是拉提琴的，我希望您拉得更好更好，最好和帕格尼尼一样好或者更好。"

在这里，我还想对你说：

如果你是从事维修的，就应该把你所承包岗位的生产隐患，认真地消除，同时应该注重个人的维修质量。

如果你是从事操作的，就应该与同岗人配合好，把每个班的生产状况调节到最佳状态，减少不必要的消耗。

不管你是做什么的，作为单位的一名员工，首先要做好自己的本职工作，各司其职、各安其业，把自己该做的事情办好，这是在一个单位的立身之本。

若一个人只是人很好，却工作拖沓、得过且过、马马虎虎、稀里糊涂，这样的人只能称之为一个老好人，把本丢了，把该做的事情忘了。这样的人多他一个不多，少他一个不少，实质上对于一个单位，对于其自身的发展都是不利的。

做事要先做好自己的事，干工作首先要干好自己的本职工作，只有踏踏实实地干好自己分内的工作，才有可能干好周围的工作。一个连分内工作都干不好的人，不可能干好周围的工作，更不可能起到带头作用；一个不求实效，只会在公众面前发表言论，说一套做一套的人，也不可能发挥先锋模范作用。因此，我们每一个人都要树立精心于业的严细精神，克制大事做不来小事又不愿意做的情绪，树立大事小事我都敬业的奉献精神。

只有每个人做好自己的本职工作，做好自己的事，才能把集体中的每一个单元分项做好，才谈得上负责任，才谈得上合作，才谈得上团队精神，才会产生向心力、凝聚力，集体的事业才能够以超常规跨越式的速度发展。

不要为自己犯的错找理由

人们在工作中都有一个习惯，一旦自己犯了错，就喜欢说：都是因为什么。好像他犯了错误还有很多正当的理由似的。

甚至有的人还说，犯错误是难免的嘛，以此来开脱自己的责任。

我们允许人们犯错误吗？无论是普通经理人还是高级经理人经常自豪地说，他们允许公司员工犯错误，并认为这样做显得很先进。

现在我只想问几个问题：如果你知道某家航空公司允许飞行员犯错误，并引以为荣，你还会乘坐他们的飞机吗？如果一家医院的行为准则上说允许医务人员犯错误，你还会带你的妻子、孩子和父母去那家医院看病吗？如果一家医药公司对犯错误还加以表扬，你还会去那儿买药吗？

回答总是啊，我指的不是这个意思……那么，你是什么意思？如今大量胡言乱语充斥于管理理论，而经理人不加甄别，全盘接受，真是令人惊讶。毕竟，经理人是承担重任的人，人们把经济资源和人类的命运都托付给了他们。

"允许人们犯错误，但是不要犯同样的错误。"许多人觉得自己能够认识到这一点就是大智大慧。确实，这是认识上的一种进步，但这还不够完善。有些错误根本不能犯，一次都不能犯，难道能允许药剂师多次配错药吗？还有另外一种普遍认识：犯错误可以，但是必须从错误中接受教训。这也是难以容忍的。如果一位护士用错了针剂而置病人于死地后再从错误中学习，对死去的病人来说是无济于事的。

事实上，错误会发生，最完善的管理也会出现错误。但是，如果认为因此就应该允许犯错误，而且引以为荣，那就很危险。绝对不能犯错误，这是我们应该在管理中遵循的信条，同时作为一个原则，这是我们的行动基础。

只有当这个原则被接受时，才有可能具体问题具体分析。例如，当公司在开展一些试验性工作时，有可能出现错误。但是，这与上文提到的"允许犯错误"的概念毫无关系。试验是在控制的条件下进行的，因此，实验阶段出现的错误不会导致严重的后果。同样，如果员工是新手，正处在接受培训和熟悉工作的阶段，我们也应该容忍他们所犯的错误。在实际工作中，开始时还需有人监督和指导他们，直到有理由确认他们不会进一步犯错误了，才可以放手。这就是培训的意义所在。

错误不应该发生，这是现代社会所有的工作和职业的准则。该准则适用于外科医生、审计员和飞行员。为什么不把这个准则同样运用于经理人和公司员工身上呢？当然有一些所谓的管理大师相信这个准则不适用于经理人和公司员工，并相信他们的一生都可以像孩提时在沙坑里玩沙子一样无忧无虑。

请允许我再说一遍，不允许犯错误，这必须成为基本原则。在此基础上，才可以具体情况具体分析，何时、何地、何人，在何种情况下，错误可以发生，什么错误是绝对不能发生的。有了这个保证，我们的企业才能以责任来进行管理。

所以，我们一旦犯了错误，就没有任何理由去抱怨和辩解，我们必须去承担因为自己的错误而造成的责任。

主动开拓思路，积极承担责任

主动找方法解决问题并能找到办法解决问题的人，不管是过去还是现在，不管是国内还是国外，总是社会的稀有资源。只要这样的人出现，他们就能够像明星一样闪耀。对于他们，机会会主动找上门来。

2002 年的一次世界华商大会上，一位姓杨的著名华商的发言，给大家留下了深刻的印象。

杨先生是浙江温州人，他是十多年前帮一位远方亲戚开饭店来的欧洲。没料到，他到欧洲不久，亲戚就突然患病去世了，饭店很快也垮了。

杨先生不想回国，就在当地找了份工作。几年后，他到一家中等规模的保健品厂工作。公司的产品不错，但知名度却很有限。他从推销员干起，一直做到主管。一次他坐飞机出差，不料却遇到了意想不到的劫机。度过了惊心动魄的十个小时之后，在各界的努力下，问题终于解决了，他可以回家了。就在要走出机舱的一瞬间，他突然想到在电影中经常看到的情景：当被劫机的人从机舱走出来时，总会有不少记者前来采访。为什么自己不利用这个机会，宣传一下自己公司的形象呢？于是，他立即做了一个在那种情况下谁都没想到的举动：从箱子里找出一张大纸，在上面浓描重抹了一行大字："我是××公司的××，我和公司的××牌保健品安然无恙，非常感谢抢救我们的人！"

他打着这样的牌子一出机舱，立即就被电视台的镜头捕捉住了。他立刻成了这次劫机事件的明星，很多家新闻媒体都对他进行了采访报道。等他回到公司的时候，公司的董事长和总经理带着所有的中层主管，都站在门口夹道欢迎他。

原来，他在机场别出心裁的举动，使得公司和产品的名字几乎在一瞬间家喻户晓了。公司的电话都快打爆了，客户的订单更是一个接一个。结果他不但被任命为主管营销和公关的副总经理，还被奖励了一笔丰厚的奖金。

杨先生的故事说明：在任何单位、任何机构，能够主动找方法解决问题的人，最容易脱颖而出！

好的方法不仅能为人解除不便，让他人有更大的发展，更能给单位创造最直接的效益。所以，哪个单位的领导都没理由不格外重视想方法帮单位解决问题的人。

众所周知，美国福特汽车公司是美国最早、最大的汽车公司之一。1956年，该公司推出了一款新车。这款汽车式样、功能都很好，价钱也不贵，但是很奇怪，竟然销路平平，和当初设想的完全相反。公司的经理们急得就像热锅上的蚂蚁，但绞尽脑汁也找不到让产品畅销的办法。这时，在福特汽车销售量居全国末位的费城地区，一位毕业不久的大学生，对这款新车产生了浓厚的兴趣，他就是艾柯卡。艾柯卡当时是福特汽车公司的一位见习工程师，本来与汽车的销售毫无关系。但是，公司老总因为这款新车滞销而着急的神情，却深深地印在他的脑海里。他开始琢磨如何让这款汽车畅销。终于有一天，他灵光一闪，于是径直来到经理办公室，向经理提出了一个创意：在报上登广告，内容为"花56元买一辆56型福特"。

这个创意的具体做法是：谁想买一辆1956年生产的福特汽车，只需先付20%的货款，余下部分可按每月付56美元的办法逐步付清。他的建议得到了采纳。结果，这一办法十分灵验，"花56元买一辆56型福特"的广告人人皆知。这个做法，不但打消了很多人对车价的顾虑，还给人创造了"每个月才花56元，实在是太合算了"的印象。

奇迹就在这样一句简单的广告词中产生了：短短3个月，该款汽车在费城地区的销售量，就从原来的末位一跃而为全国的冠军。

这位年轻工程师的才能很快受到赏识和升迁。后来，艾柯卡不断地根据公司的发展趋势，推出了一系列富有创意的举措，最终成为了福特公司的总裁。

当很多人都认为工作只需要按部就班做下去的时候，总是有一些优秀的人，会找到更有效的方法，更快地提高效率，更好地解决问题。也正是因为他们有这种找方法的意识和能力，所以他们以最快的速度得到了认可。

我们再来看一个故事：1793 年，守卫土伦城的法国军队叛乱。叛军在英国军队的援助下，将土伦城护卫得像铜墙铁壁。前来平息这次叛乱的法国军队怎么也攻不下。土伦城四面环水，且有三面是深水区。英国军舰就在水面上巡弋着，只要前来攻城的法军一靠近，就猛烈开火。法军的军舰远远不如英军的军舰，根本无计可施，法军指挥官急得团团转。

就在这时，在平息叛乱的队伍中，一位年仅 24 岁的炮兵上尉灵机一动，当即用鹅毛笔写下一张纸条，交给指挥官："将军阁下：请急调 100 艘巨型木舰，装上陆战用的火炮代替舰炮，拦腰轰击英国军舰，以劣胜优！"果然，这种"新式武器"一调来，英国舰艇无法阻挡。仅仅两天时间，原来把土伦城护卫得严严实实的英军舰艇被轰得七零八落，不得不狼狈逃走。叛军见状，很快也缴械投降。这位年轻的上尉就是后来成为法国皇帝、威震世界的拿破仑！

拿破仑的成功，像很多杰出的人一样，在相当程度上是抓住了一个关键的脱颖而出的机会，走上了一个有高度的新的起点。有了这样的新起点，就有了更大的舞台，能吸引更多的人向自己看齐，从而汇集更多的资源。

开动脑筋，多想办法，为你的组织解决难题，你就会迎来更多的发展机会，从成功走向更大的成功！

全心全意，尽职尽责地工作

其实，无论从事什么行业，只有全心全意，尽职尽责地工作，才能在自己的领域里出类拔萃。这也是敬业精神的直接表现。

任何企业都会要求员工尽最大努力地投入工作，创造效益。其实，这不仅是一种行为准则，更是每个员工应具备的职业道德。可以说，拥有了职责和理想，你的生命就会充满色彩和光芒。或许，你现在仍然生活在困苦的环境里，但不要抱怨，只要全身心地工作，不久就会摆脱窘境，获得物质的满足。那些非常成功或在特定领域里相对成功的人士，无一例外地要经过艰苦的奋斗过程，这也是通往胜利的惟一途径。

精通并能很好地完成一件事，要比虽然懂得十件事，却只知皮毛好得多。美国有一位名人在做演讲时曾对学生说过"比任何事都重要的是，你们要懂得如何将一件事情做好；只要你能将本职工作做得完美无缺，在与其他有能力的人竞争中就会立于不败之地，至少永远不会失业。"

一个成功的企业管理者说："如果你能真正制好一枚别针，应该比你制造出粗陋的蒸汽机创造的财富更多。"

很多人都有过同样的迷惑，为什么那些能力不如自己的人，最终取得的成就远远大于自己？如果对于这个问题你百思不得其解，那么就认真回答下面的问题，也许你能从中找到真正的答案。

——自己的前进方向是否正确？

——自己是否对职业领域的每个细节问题了如指掌？

——为了提高工作效率，创造更多财富，你是否阅读过有关的专业书籍或资料？

——你是否理解并认真做到全心全意，尽职尽责？

如果你对上述这些问题的回答是否定的，说明制约你走向成功的症结就在于此。那么，无论做什么工作，只要你遵循这几点，坚持到底，一定获胜！当然，选择的方向如果不正确，就立即停止，放弃努力，免得白费力气。

那些毫无水平的建筑工人，将砖石和木料拼凑在一起来建造房屋，在尚未找到买主之前，有些已经被暴风雨摧残掉了；医术不精的医科学生，懒得花更多的时间学习专业知识，结果在给病人做手术时，慌慌张张，使病人承担极大的风险；律师在平日里不认真研读法律法规，办起案来笨手笨脚，白白浪费当事人的时间和金钱……这些都是缺乏敬业精神的结果。

业精于勤，无论从事什么行业，都应谨记这个道理。精通所在行业的方方面面，你会比别人更出色。了解工作中的每一个细节内容，并努力将它做得最好，在你赢得良好声誉的同时，也为将来的大展宏图播下了希望的种子。

曾经有人向一位颇成功的经营者请教这样的问题："你是如何完成如此多的工作的？"回答是："我在特定的时间内只会集中精力做一件事，但我会尽最大努力去做好它。"

如果你对自己的工作不够了解，业务不够熟练，就不应该在失败之后去责怪别人，埋怨社会。目前，你惟一该做的是，精通业务，这一点并不很难，但需要长时间的不断积累。所谓冰冻三尺非一日之寒。

好多人之所以在工作中投机取巧，懒懒散散，原因就是在学生时代养成了半途而废，心不在焉，得过且过的坏习惯，总是寻找机会欺骗老师，蒙混过关。不遵守时间也是这些人的一贯作风，他们也正是因此而遭遇着失败，去银行办事时经常迟到，人们会拒付他的票据；与人约会总是迟到，会让人对他失去信任。如果一个人轻视身边的小事，那么他的整个人生必因碌碌无为而失败。还有一些人做起事来没有头绪，他们的文件、稿子总是乱堆乱扔，从不进行分类管理，以至于自己的思维都受到干扰，无法正常工作，最后甚至丢掉了自己的观点和立场，使别人再也无法相信他。

一位先哲说过："如果去做一件事情，就投入百分百的努力吧！"还有位名人说："无论你从事什么工作，都要全心全意地做！"

对待工作总是不能尽职尽责的人，他心里也一定缺少做成事情的恒心和毅力。他也不会培养自己的个性，永远无法达到自己的追求。他们总是设想工作和享乐可以同时获得，孰不知鱼和熊掌不可兼得，结果很有可能全部希望落空，才后悔当初的所作所为。

事实上，培养严谨的做事风格，获得处世智慧并不十分困难，只要你做事认真负责、一丝不苟即可。如果你能力一般，它可以让你走向更好；如果你十分优秀，它会将你带向更大的成功领域。

最后仍要强调，工作必须竭尽全力，才有可能节节攀升。一个人只要在工作中找到乐趣，就能忘记所有辛劳，并视之为身心的愉悦，长此以往，也就找到了开启成功之门的钥匙。

只要你保持忠于职守、善始善终的工作态度，即使从事的是最低微的工作，也能放射出无限的光芒。

自动自发地工作

"我钦佩的是那些不论老板是否在办公室都会努力工作的人，这种人永远不会被解雇，也永远不必为了加薪而罢工。"

如果只在别人注意你的时候你才有好的表现，你将永远也达不到成功的巅峰。你应该为自己设定最严格的标准，而不应该由他人来要求你。

如果老板对你的期许还没有你自己的期许高的话，你将永远也不可能被辞退，相反，这只会使你离晋升的日子越来越近。

成功是一种努力的积累，那些一夜成名的人，其实，在他们获得成功之前，已经默默地奋斗了很长时间。任何人，要想获取成功都要长时间地努力和奋斗。

要想获得最高的成就，你必须永远保持主动率先的精神，哪怕你面对的是多么令你感到无趣的工作，这么做才能让你获取最高的成就。自动自发地工作吧！这样一种工作习惯可以使你成为领导者和老板。那些获取了成功的人，正是由于他们用行动证明了自己敢于承担责任而让人百倍信赖。

成大事者和平庸的人之间最大的区别就在于，成大事者总是自动自发地去工作，而且愿意为自己所做的一切承担责任。要想获得成功，你就必须敢于对自己的行为负责，没有人会给你成功的动力，同样也没有人可以阻挠你实现成功的愿望。

《致加西亚的信》的作者阿尔伯特·哈伯德谈到自己的经历时如此说道：

像无数的美国年轻人一样，我在青少年时期和大学时代做过许多的工作。修理过自行车，卖过词典，做过家教、书店收银员、出纳。大学期间，为了换取学费，我还给别人打扫过院子，整理过房间和船舱。

由于这些工作都简单，我曾认为它们都是下贱而廉价的。我后来发现自己的想法完全错了。事实上这些工作默默地给了我许多珍贵的教诲，不管从事什么样的工作，我其实都从中学到了不少的经验。

比如在商店工作时，我觉得自己做得很好，完成了老板给我布置的任务——把顾客的购物款记录下来。一天，当我与别的同事在闲聊时，老板走了过来，扫了一下周围，然后示意我跟他走。他接下来一语不发地开始整理那批已经订出去的货，然后又把柜台和购物车清空了。

这一切让我感到惊奇，整个人都呆住了。他要我和他一起去做这些，我并不因为这是一项新工作任务而感到惊诧，而是这表示我将一直这么做下去，可是以前谁也没这么要求我——现在也一样。

这件事彻底改变了我的观念。它让我变得更优秀，而且让我明白了不仅要做好自己的本职工作，我应该再多做一点，哪怕老板没要求我这么做。当我这么认为时，原来我觉得低俗的工作开始有趣起来。我开始更努力的工作，这使我学到了更多的东西。我上大学后离开了那家商店，但从那儿学到的经验对我一生都有着深深的影响。我由原来的旁观者成为了一个认真负责的人。

如今，我变成了一位管理者，我依旧像原来那样去发现那些需要做的工作——哪怕那不是我的工作。无论从事什么工作，只要你这么做你就可以超越别人，这不仅让你与众不同，也会为你的成功铺平一条道路。

作为公司的职员都应该相信这一点。从现在就开始行动吧！不再犹豫，更不要等你找到理想的工作那天，只要你主动一些，一切就会变得美好起来。

主动是什么？主动就是不用别人告诉你，你就可以出色地完成工作。一个优秀的员工应该是一个自动自发地工作的人。而一个优秀的管理者则更应该努力培养员工的主动性。

主动地去做好一切吧！千万不要等到你的老板来催促你的时候。不要做一个墨守成规的员工，不要害怕犯错，勇敢一点吧！老板没让你做的事你也一样可以发挥自己的能力，成功地完成任务。

第四章
在细节中落实责任

细节不可忽略

有这样一则故事：

一匹马由于少了一颗铁钉导致一个马掌松动，于是这匹马在奔跑中摔倒，使得骑在马上的将军被摔死，导致将军领导的兵团打了败仗，使一座城池失陷，进而使一个国家灭亡。少了一个铁钉，少了一个国家。想想的确是不可思议，但事实就这样发生了。很多时候，企业领导在管理上的失败，也是源于对某一细节的忽略，当忽略的细节过多，就必然会带来严重后果。企业的发展战略、市场经营等，员工的职业生涯目标、个人需求等，都属于"画布"和"虚线"，只有细节才是"实点"，精于细节才能真正描绘出发展的蓝图，才能真正培育出富有责任心的人。因此，事物的成败往往决定于几个看似不起眼的细节，正是因为忽略了这些"细枝末节"，最后导致满盘皆输；正是因为在细节上多下了一点工夫，命运就得到了改写。细节，忽略不得！

注重细节，就是要求我们改变心浮气躁、好高骛远、浅尝辄止的弊病，实事求是，化繁为简，提倡并养成注重细节的习惯。看不到细节，或者不把细节当回事的人，对工作缺乏认真的态度，对事情只能是敷衍了事，无法把工作当做一种乐趣，而只是当做一种不得不受的苦役，只能永远做别人分配给他们做的工作。而考虑到细节、注重细节的人，不仅认真对待工作，将小事做细，而且注重在做事的细节中找到机会，从而使自己走上成功之路。工作中不乏这样的例子。同样一件小事，大家都能做，但不同的人做出来的结果是不一样的，而完成得好的，往往是在细节上下了工夫的人；同样一个岗位，大家都在同一起跑线上，有的人能够在一次次重复中把小事做得越来越精细，进而快速成长并承担起更大责任，有的人却在一次次重复中怨声载道自叹无用武之地，消极徘徊并止步于做大事的幻想中。

"使人疲惫的不是远方的高山，而是鞋里的一粒沙子。"不注重细节，会让工作绩效止步不前。细节管理是我们当前迫切需要倡导和强化的，它是实现精细化管理的关键。只有大力推行细节管理，才能抓住事物的本质，才能发现工作中的重点，才能找到创新的机会。海尔总裁张瑞敏说："什么是不简单？能把每一件简单的事做好就是不简单；什么是不平凡？能把每一件平凡的事做好就是不平凡。"只有关注细节，把心态降低，才能把简单、平凡的小事做好，才能构建起支撑企业生存与发展的责任体系，只有每个人把工作中的每一件小事都做好，才能汇聚力量共同繁荣企业的大事业。

畅销书作家汪中求在《细节决定成败》中这样写道：

我始终不明白，电影电视里的武打设计，总要设计一些奇招、怪招、绝招，观赏性强了，使观众赏心悦目；但大多不符合实际生活，事实上简单的招式练到极致就是绝招。

上海地铁一号线是由德国人设计的，看上去并没有什么特别的地方，直到中国设计师设计的二号线投入运营，才发现其中有那么多的细节被二号线忽略了。结果二号线运营成本远远高于一号线，至今尚未实现收支平衡。

密斯·凡·德罗是20世纪世界四位最伟大的建筑师之一，在被要求用一句最概括的话来描述他成功的原因时，他只说了五个字"魔鬼在细节"。他反复强调的是，不管你的建筑设计方案如何恢弘大气，如果对细节的把握不到位，就不能称之为一件好作品。细节的准确、生动可以成就一件伟大的作品，细节的疏忽会毁坏一个宏伟的规划。

有心能成事，有责方成人。认真做事只是把事情做对，用心做事才能把事情做好。每一个员工都承担着企业不同的分工，许多的工作都是一些琐碎、繁杂、细小的事务的重复，这些事做成了并不见什么成就，但做不好就会使其他人或工作受连累，甚至会影响到企业的生存和发展。当我们培养出注重细节、把小事做细的习惯，我们就成为了富有责任感的管理人员，我们的工作绩效就会有大的提高，成功就会不期而至。

其实，在平常的工作中，多数人多数情况下做的都是一些具体的事、琐碎的事、单调的事、鸡毛蒜皮的事，但这就是工作，是成就事业不可缺少的基础。世界上，有无数知名企业和名人都是从小事做起，从细节做起的。众所周知的沃尔玛集团的总裁，就十分关注细节，他要求自己的员工在工作的过程中，微笑必须露出八颗牙齿才算合格，从如此小的事情中体现了对顾客的关心，对顾客的真心，对顾客的责任心，使得顾客购物时心情愉快，有种宾至如归的感觉。就是这些细小的事情，成就了他的伟大事业，造就了全球最大的商业连锁集团。

成大业若烹小鲜，做大事必重细节。我们必须从小事做起，从细节做起，做精益求精的执行者。我们如果能够把平凡事做得很好，那么我们就是成功者，就是胜利者！

用做大事的心态做好小事

世界上每一件事情都值得我们去做好。不要轻视自己的工作，每一份工作都应该全力以赴、尽职尽责地去把它做到位。因为高楼大厦都是一砖一瓦垒砌而成的，所有伟大的事业也都是从平凡的工作做起来的，都需要认真负责去对待。

一位年轻的修女进入修道院以后一直从事织挂毯的工作，但在做了几个星期之后她再也不愿意做这份工作了。她感叹道："给我的指示简直不知所云，我一直在用鲜黄色的丝线编织，却突然又要我打结，把线剪断。这份工作完全没有意义，真是在浪费生命。"

身边正在织挂毯的老修女却对她说："孩子，你的工作并没有浪费时间，虽然你织的是很小的一部分，但却是非常重要的一部分。"

当老修女带着她走到工作室里摊开的挂毯面前时，年轻的修女呆住了。她没想到，在她看来不值得做的工作竟是这么伟大。

也许，你暂时无法看到整体工作的美丽，但是，如果整体工作缺少了你那一部分，可能就什么都不是了。可以说，工作在本质上并没有优劣之分，固守自己的本分和岗位，把工作做到位，就是做出了最好的贡献。

所以，对员工来说，最重要的是将重复的、简单的管理工作做精细、做到位，用做大事的心态努力去做好每一件小事，并恒久地坚持下去，这样的人才可能成为伟大的员工。

史蒂芬是位美国小伙子，他在一家裁缝店学成出师后便来到德克萨斯州开了一家自己的裁缝店。由于他做活认真，并且价格又便宜，很快就声名远扬，许多人慕名而来找他做衣服。有一天，风姿绰约的哈里斯太太让史蒂芬为她做一套晚礼服，然而等史蒂芬做完的时候，却发现袖子比哈里斯太太要求的长了半寸。但哈里斯太太马上就要来取这套晚礼服，史蒂芬已经来不及修改衣服了。

哈里斯太太来到史蒂芬的店中，她穿上了晚礼服在镜子前照来照去，同时不住地称赞史蒂芬的手艺，于是她按说好的价格付钱给史蒂芬。没想到史蒂芬竟坚决拒绝。哈里斯太太非常纳闷。史蒂芬解释说："太太，我不能收您的钱。因为我把晚礼服的袖子做长了半寸。为此我很抱歉。如果您能再给我一点时间，我非常愿意把它修改到您需要的尺寸。"

听了史蒂芬的话后，哈里斯太太一再表示她对晚礼服很满意，她不介意那半寸。但不管哈里斯太太怎么说，史蒂芬无论如何也不肯收她的钱，最后哈里斯太太只好让步。

在去参加晚会的路上，哈里斯太太对丈夫说："史蒂芬以后一定会出名的，他勇于负责的精神以及一丝不苟的工作态度让我震惊。"

哈里斯太太的话一点也没错。后来，史蒂芬果然成为了一位世界闻名的服装设计大师。

成功不是偶然的，有些看起来很偶然的成功，实际上我们看到的只是表象，一个人要想成功，就必须具备一种锲而不舍的精神，一种坚持到底的信念，一种脚踏实地的态度和一种发自内心的责任感。

有一天，著名雕塑家米查尔·安格鲁在他的工作室中向一位参观者解释，为什么自这位参观者上次参观以来他一直忙于一个雕塑的创作。"我在这个地方润了润色，使那儿变得更加光彩，使面部表情更柔和，使那块肌肉显得更强健有力，使嘴唇更富有表情，使全身显得更有力度。"

那位参观者听了不禁说道："但这些都是些琐碎之处，不大引人注目啊！"

雕塑家回答道："让一件作品完美的细小之处可不是件小事情啊！"

画家尼切莱斯·鲍森画画有一条准则，即凡是值得做的都应该做到位，力求完美。他的朋友马韦尔在他晚年时曾问他,为什么他在意大利画坛获得如此高的声誉,鲍森回答道:"因为我从未忽视过任何细节和小处,我总是用做大事的心态去对待身边的每件事情。"

俗话说:"不怕一万,就怕万一。"当一件事情的大致方向定了下来后,很多时候细节便成了决定胜负的关键,所以,负责任就是要从细节做起。

乌鲁木齐一家做出口贸易的公司,好不容易将一个大订单抢到手里,时间紧任务重,所有的人都加班加点地干,终于在规定的时间内完成了任务。大家都松了口气。可是,商品刚运到,对方就打来了一个电话,气急败坏地对他们的工作责备不休。原来,这些产品的质量没有问题,但在包装上却出了问题。那个厂的厂址本来是"乌鲁木齐某厂",由于当时大多数人只是把重点放在了赶制产品上,却没有仔细审查外包装,结果"乌鲁木齐"被印成了"乌鲁木齐"。虽然只有这一点没有做到位,但却毁了整个厂的声誉,损失惨重。

老子曾说:"天下大事,必作于细;天下难事,必作于易。"他精辟地指出了想成就一番事业,要想把工作做好,必须从简单的事情做起,从细微之处入手。
伟大来自平凡。可以说,许多伟大的事业或成就都是这样通过不经意的小事不断地积累而来的。人类社会如此,大自然也是如此,管理更是如此。

细节之中有魔鬼

　　员工在企业中，有时候过度注意大的方面，把全部的精力都集中在了大事情，而那些细枝末节却给忽略了。正是因为员工忽略了这些细枝末节，结果导致这些小事变成了大事。

　　报载，长江上一条运沙船装载有一部雷达、两部对讲机和一部GPS定位系统。如此多安全措施，居然在夜航的时候撞上了江桥的桥墩。

　　事故的原因不在于设备不先进，而是船上人员"想当然"的判断。

　　"想当然"之所以会屡屡造成错误和悲剧，关键在于所有的行动都建立在自己的"想"而不是对实际情况的了解、具体问题的分析上。

　　在一次企业培训中，当员工们谈到"想当然"的危害时，一位中层员工谈到了自己的一个故事：

　　几年前，他应聘到一家事业单位做电脑主管。由于工作非常努力，领导对他很欣赏，但因为一件"想当然"的事情，差点让他丢了饭碗。

　　那是临近年终的时候，大家都忙着整理自己的办公室，将一些废旧的报纸杂物清理后卖掉。他的机房里堆了好几台早已经被淘汰掉的旧电脑，很占地方，于是他想，反正这些电脑都已经被淘汰了，不如当废品卖掉。

　　结果刚到门口，他就被保安拦住了，并且叫来了保卫科长，科长毫不留情地将他训了一通，说这是单位的固定资产，怎么可以随便卖掉？即使不要了，也要经过单位规定的程序批准后才能报废，然后立即将这件事向领导作了汇报。

　　结果因为这件事，他不仅被通报批评，还被扣了年终奖。

这件事对他触动非常大，从那以后，他做任何事情都不敢再"想当然"，而是变得很细心，结果因为表现突出，后来走上了中层领导的岗位。

其实，要想避免执行中的"想当然"并不难，我们可以通过以下步骤来实现：

（一）先问："事情真的是这样吗？"

（二）再问："有没有其他可能性？"

（三）弄清了真实情况之后再行动。

其实，只要员工能够小心谨慎、考虑周全，始终抱着"不怕一万，就怕万一"的思想，那就永远不会出错，这是自然的道理。但是，"万一"如果真的出现了怎么办？方法很简单，必须立刻及时调整自己的思路和做法，让"万一"也变成"一万"。

在《周恩来外交风云》一书中，写了这样一件事：

1961 年 9 月，英国陆军元帅蒙哥马利再次访华。周总理特意让办公厅副主任参加接待小组，并陪同蒙哥马利到外地去访问。

在洛阳的时候，蒙哥马利和陪同人员晚上在街头散步，路过一个小剧场，蒙哥马利要求进去看看。

当时，剧场里正在上演豫剧《穆桂英挂帅》。

幕间休息时，蒙哥马利退场了，他说："这出戏不好，怎么能让女人当元帅？"

这位副主任解释说："这是中国的民间传奇，群众很爱看。"

蒙哥马利认真地说："爱看女人当元帅的男人不是真正的男人，爱看女人当元帅的女人不是真正的女人。"

副主任也较上了劲："中国红军就有女战士，现在解放军就有一位女少将。"

蒙哥马利说："我对红军、解放军一向很敬佩，不知道还有女少将，这有损解放军的声誉。"

副主任也急了，说："英国女王也是女的，按照你们的体制，女王是英国国家元首和全国武装部队总司令。"

蒙哥马利涨红了脸，一声不吭。

回北京后，周总理听取了副主任的汇报。当副主任提起和蒙哥马利的争论时，周总理变得严肃起来：

"你讲得太过分。你说这是民间传奇就够了。他有看法，何必驳他？你搞了这些年外交工作，还不懂得'求同存异'的道理吗？弄得人家无话可说，就算你胜利了？鲁迅讲过：'辱骂和恐吓绝不是战斗'，引申一下，讽刺和挖苦绝不是我们的外交。"

周总理的批评很尖锐，但这位副主任还是打心里服了。

接着，周总理又细心地问起之后为蒙哥马利安排的是什么节目，并一定要把演出节目单预先看一遍。果然发现了问题：那里又安排了一节折子戏《木兰从军》。

周总理说："又是一个女元帅，幸亏问了你，不然他会以为我们故意讽刺他。"

之后，周总理让人将节目进行了调整，撤掉了《木兰从军》，换上了蒙哥马利喜欢的杂技和口技表演。

在这一故事中，周总理抓管理，最了不起的地方不仅在于他及时纠正了下级的认识错误，而且抱着"以防万一"的心理，将之后为蒙哥马利安排的节目单重新看一遍，发现了其中的问题，并将这一问题及时解决。

员工在企业中占有重要的地位，这就要求员工在细节上和小事上多下工夫，正所谓"战战兢兢，如履薄冰"，这正是员工应该具有的心态。永远记住：魔鬼就在细节中，一旦你忽略了它，魔鬼就要跑出来咬人。

责任面前无小事

中国海尔集团 CEO 张瑞敏曾经说过："所有的产品都应该是精品，有缺陷的产品等于是废品。"海尔的员工深知，1% 的差错造成的是 100% 的问题，也正是海尔这种高度负责的精神创造了海尔产品的"零缺陷"神话。

在第二次世界大战期间，美国空军和降落伞制造商之间因为降落伞的安全性能问题而发生了分歧。事实上，经过制造商的努力，降落伞的合格率已经提高到了 99.9%。但军方的要求是 100%，因为合格率为 99.9% 的话，就意味着每 1000 名伞兵中会有一名因为降落伞的质量问题而送命。但是，制造商则认为世界上没有绝对的完美，要达到 100% 的合格率是根本不可能的。于是，军方在交涉不成功后，改变了以往的质量检查方法。他们从刚交货的降落伞中随机抽出一个，让厂商负责人穿上后，亲自从飞机上往下跳。这时，厂商才意识到 100% 合格率的重要性。奇迹很快出现了：降落伞的合格率一下子达到了 100%。

工作中的每一个人都应该培养自己一丝不苟的工作作风，那种认为小事就可以被忽略或置之不理的想法，正是做事缺乏责任心的根源，它将极有可能导致工作中严重的错误或事故。

在一家著名的跨国公司里，因不必要的错误带来的损失高达 25 万美元。华盛顿邮局的退信部门每年要收到 700 万封无法投递的信件。这些信中间，有几百万封连地址都没有写。这其中，有很多的信是来自写字楼的商务信函……

　　大到一个国家、军队，小到一个企业或个人，责任是否能够被坚决地履行都将决定其成败。即使是最细微的地方，一点点责任感的缺失，都将会造成损失惨重的后果。

　　在现实生活中，我们随处可见半拉子工程带来的悲剧。有些楼房甚至在建成之前就倒塌了，把建筑工人掩埋在废墟之下。原因就在于有些人，包括雇员或是承包商，在施工的过程中不认真、不能忠于职守。

　　这些工作中的恶习看似微不足道，却是对自己、对人性的犯罪。多数情况下，小小的失误或是轻微的缺陷都会危及生命，此时的粗心大意和蓄意谋杀没有什么区别。反之，如果每个人都能够认真对待工作、有始有终的话，我们将不仅减少死亡、受伤和残疾的比率，而且还会使我们的生活更加美好。

　　责任更多地体现在每一个细小的环节上。试想，一个连小事都不屑于负责的人，又怎能在大事上勇于担当呢？

　　一家汽车公司招聘管理人员，来了不少应聘的人，看起来一个个精明干练。面试的人一个个进去又一个个出来，大家看起来都是胸有成竹。面试只有一道题，就是谈谈你对责任的理解。对于这样的一个问题，很多人都认为简单得不能再简单。然而，结果却出人意料，没有一个人被录取。难道这家企业成心不想招人？

　　"其实，我们也很遗憾，我们很欣赏各位的才华。你们对问题的分析条理清晰、有理有据，令各位考官非常满意。但是，我们这次考试不是一道题，而是两道。遗憾的是，另外的一道你们都没有回答。"老板说。

　　大家哗然，"还有一道题？"

　　"对，还有一道，你们看到躺在门边的那个扫帚了吗？有人从上面跨过去，有的甚至往旁边踢了一下，但却没有一个人把它扶起来。"

　　"对责任的深刻理解，远不如做一件体现责任心的小事，而小事更能显现出你的责任感。"老板最后说。

洛克菲勒曾说："当听到大家夸一个年轻人前途无量时，我总要问：'他努力工作了吗？认真对待工作中的小事了吗？他从工作细节中学到东西了没有？'"一个人，即便有再高的学历，但如果对待工作不认真，不将敏捷的判断力、准确的逻辑推理能力、丰富的专业知识和工作中的具体事情联系起来，最终也将一事无成。

也许有的人还记得，在2004年2月15日，吉林市中百商厦发生的特大火灾，造成了54人死亡、70人受伤，直接经济损失达400余万元。然而，谁也没想到，这起严重事故的直接原因，竟然是由一个烟头引起的：一位员工到仓库卸货时，不慎将吸剩下的烟头掉落在地上，他随意踩了两脚，在并未确认烟头是否被踩灭的情况下，匆匆地离开了仓库。当日11时左右，烟头将仓库内的物品引燃。

这就是"一个烟头引发的惨案"：54人死亡！70人受伤！400余万元财产灰飞烟灭！灾难过后，回头看看，感觉事情就是那么简单，简单得令人难以接受。

表面上看，这是一场由小小的烟头引发的人间惨剧，但仔细想来，夺去那54条人命的不是现实中忽明忽暗的烟头，而是工作人员的马虎轻率——这是另一个深藏在人们心中更为可怕的烟头。

责任之中无小事！很多时候，往往是一些看起来毫不起眼、多数人都不会放在心上的小疏忽，却由于工作不负责、不认真而最终铸成了大错。

1967年8月23日，苏联的"联盟一号"宇宙飞船在返回大气层时，突然发生了恶性事故——减速降落伞无法打开。最后苏联中央领导经研究决定：向全国实况转播这次事故。当电视台的播音员用沉重的语调宣布，宇宙飞船在两小时后将坠毁，观众将目睹宇航员弗拉迪米·科马洛夫殉难的消息后，举国上下顿时都被震撼了，人们都沉浸在巨大的悲痛之中。

在电视上，观众们看到了宇航员科马洛夫镇定自若的形象。这时，科马洛夫的女儿也出现在电视屏幕上，她只有12岁。科马洛夫说："女儿，你不要哭。""我不哭……"女儿已泣不成声，但她强忍悲痛说，"爸爸，你是苏联英雄，我想告诉你，英雄的女儿会像英雄那样生活的！"科马洛夫叮嘱女儿说："你学习时，一定要认真地对待每一个小数点。'联盟一号'今天发生的一切，就是因为地面检查时忽略了一个小数点……"

时间一分一秒地过去了，距离宇宙飞船坠毁的时间只有7分钟了。科马洛夫向全国的电视观众挥挥手说："同胞们，请允许我在这茫茫的太空中与你们告别。"

在工作中，也有很多人常常好高骛远，不愿意踏踏实实地工作，特别是工作中出现的一些小问题，发现一些小错误从不愿深究，听之任之。他们的论点是：假如我所犯的错误性质十分严重，该由我承担责任的，我一定会承认也愿意承担所有的责任；但如果是芝麻大的一点小错，再去那么认真计较，难免有点小题大做，根本没有这个必要。其实，如果你要是这样看待错误，那就大错特错了。

要知道工作无小事，有时1%的错误却会带来100%的失败。

一百次决策，有一次失败，就可能让企业关门；一百件产品，有一件不合格，就可能失去整个市场；一百次经济预测，有一次失误，就可能让企业面临破产……

一位管理大师说过，小事影响品质，小事体现品位，小事显示差异，小事决定成败。可以说，无论是领导者、员工，抑或是一个普通人，都不能忽视小事，可遗憾的是我们常常对很多小事情不屑一顾。其实从一件小事中常常可以反映出一个人的内心，也可以反映一个人的品质。如果每个人都能够从身边的小事做起，对自己严格要求，对待工作严肃认真，就一定能够获得成功。

责任，从细节开始

有对老夫妻，男人退休前在文化部门工作，妻子是一字不识的农村妇女。老夫妻非常恩爱，丈夫总爱说起年轻时看到他妻子节俭的细节，缝衣服时每每要到针弯不过来才肯收线。他们生命历程中的这种感觉，在一生里有许多故事，但留在记忆里的总是一些细小的情节，让他们时时记起，一生不忘。

曾经有一位科长，每次在会上总是重复地强调一些小事情，几乎让员工们烦不胜烦。然而每一次业务差错的产生，往往就是来源于对这些细节的忽视。

细节问题，说到底是责任心的问题。责任，是我们做事的标准，以责任心做事，方能敬业履职，方能尽责。把分内之事铭记于心，不因事大而难为，不因事小而不为。越是以责任心做事，我们做事的标准越高。所以，细节决定成败，说到底，是责任感强弱决定成败。

东京的一家贸易公司，有一位女士专门负责给客商购买车票。她常给德国一家大公司的商务经理购买来往于东京与大阪之间的火车票。不久，这位经理发现一件趣事：每次去大阪，座位总在右窗口，返回东京时又总在左窗口。经理询问该女士这其中的缘故，她笑着说："外国人都喜欢富士山的壮丽景色，所以我为您买了不同的车票。"这种不起眼的小事，让这位经理十分感动，促使他把对这家日本公司的贸易额由 400 万马克提高到 1200 万马克。

美国有一个叫福特的人，他大学毕业后，去一家汽车公司应聘。和他同时应聘的三四个人都比他学历高，当前面几个人面试之后，他觉得自己没有什么希望了。既来之，则安之。他敲门走进了董事长办公室，一进办公室，他发现门口地上有一张纸，弯腰捡了起来，发现是一张字纸，便顺手把它扔进了废纸篓里。然后才走到董事长的办公桌前，说："我是来应聘的福特。"董事长说："很好，很好！福特先生，你已被我们录用了。"福特惊讶地说："董事长，我觉得前几位都比我好，你怎么把我录用了？"

董事长说："福特先生，前面三位的确学历比你高，且仪表堂堂，但是他们眼睛只能'看见'大事，而看不见小事。你的眼睛能看见小事，我认为能看见小事的人，将来自然能看到大事，一个只能'看见'大事的人，他会忽略很多小事，他是不会成功的。所以，我才录用你。" 福特就这样进了这个公司，这个公司不久就扬名天下，福特把这个公司改为"福特公司"，也相应改变了整个美国国民经济状况，使美国汽车产业在世界独占鳌头，这就是今天"美国福特公司"的创造人福特。

看见小事的人能看见大事，但只能"看见"大事的人，不一定能看见小事，这是很重要的教训。

很多事实证明，事业成功源于"细"。阿基米德从洗澡水溢出澡盆这一细节得到灵感，发现了浮力定律；牛顿从苹果由树上掉下这一细节得到启示，提出了万有引力定律；丰田汽车把精细化的生产管理落实到细节之中，创造了辉煌的业绩；海尔公司始终坚持"精细化、零缺陷"的经营理念，使一个亏损企业发展成为世界家电品牌……

我们要有"勿以善小而不为，勿以恶小而为之"的敬业观念。任何小事都是大事。"积小恶则成大恶，积小善则为大善。"身为员工，如果不能在工作的细节上下工夫，不能对细节负责，那注定他是一个失败者。所以万科强调："我们1%的失误，对客户而言，100%都是损失。"

被人们称为世界上最成功的推销员的乔·吉拉德认为，做一个专业的推销者，细节观念是非常重要的。一个专业、成功的推销员必须具备一种注重每个细节的精神。注重细节使乔·吉拉德创造了12年销出13000多辆车的吉尼斯世界纪录，其中一年曾经卖出 1425 辆，在同行中传为美谈。这些都是和他注重细节的工作精神分不开的。

有一天，一位中年妇女从对面的福特汽车行走进了吉拉德的汽车展销室。她说自己很想买一辆白色的福特车，就像她表姐开的那辆，但是那个经销商让她过一个小时再去，所以自己先到这看一看。

吉拉德非常热情地欢迎她进来，那位妇女很兴奋地告诉他："今天是我 55 岁生日，想买一辆车作为生日礼物送给自己。""夫人，祝您生日快乐！"吉拉德很热情地祝贺她，然后轻声交代了助手几句。

随后，吉拉德领着这位妇女从一辆辆新车面前慢慢走过，并不时细心给她做着介绍。在来到一辆雪佛兰车前时，他说："夫人，您对白色情有独钟，瞧这辆轿车，也是白色的。"就在这时，助手走了进来，把一束鲜花交给了吉拉德。他把这束漂亮的鲜花送给这位妇女，再次对她的生日表示祝贺。

那位妇女感动得热泪盈眶："先生，太感谢您了！已经很久没有人给我送过礼物。刚才那位福特车销售商看到我开着一辆旧车，一定以为我买不起，所以我提出要看看车时，他就推托要出去收一笔钱，我只好上您这来等他。现在想一想，也不一定非要福特车不可。"就这样，这位妇女就在吉拉德这买了一辆白色的雪佛兰轿车。

生活的一切原本都是由一些小事、一些细节构成，如果一切归于有序，决定成败的必将是微若沙砾的小事、细节，细节的竞争才是最终和最高层面的竞争。在今天，随着现代社会分工的越来越细和专业化程度越来越高，一个要求精细化管理的时代已经到来。因此，要担负起自己的责任，做好自己的工作，就要从小事做起、从细节做起。

在商业社会中，是否注重细节的完美才真正体现出你的责任感。

第五章
没有执行　谈何责任

没有执行，责任只是一句空话

责任是通过执行来实现的。没有执行，责任只是一句空话。

众所周知，军队是执行率最高的一个职业——军人以服从命令为天职。一个纪律涣散、不服从命令的军队，成员必定贪生怕死，畏敌如虎，这样的军队是打不了胜仗的。执行是不讲条件的。我们在执行国家政策、上级指示时，往往会摆出许多困难，找出许多借口。这种行为，实际上是与军人贪生怕死，畏敌如虎同属一个性质。如果每一名职工都有不达目的誓不罢休的执行力度，人人都用生命去工作，发挥自身所有的潜能和资源，相信结果是会令人满意的。如果没有由责任心产生的执行力度，面对一项工作任务，即使非常简单，非常容易，也会设法找借口，摆困难，不能保质保量完成。历史常常淘汰它不需要的人，企业也一样，也会毫不留情地淘汰它不需要的人。

企业只有执行才有绩效，人生只有执行才有意义。不执行的企业是一台空转的机器，只消耗不产生效益；不执行的人生是虚度光阴，是浪费生命。爱岗敬业，服从执行，谦谨热诚，是我们企业员工应该具备的素质；努力工作，积极进取，敢为人先，是我们每个人对待生命的态度。企业是我们安身立命的家园，我们应该尽自己最大的努力，为她浇灌心血和汗水，使其发展壮大，枝繁叶茂，成为一个先进的企业。生命属于我们的只有一次，我们要抓住这个"一次"，不断充实自己，让自己的一生在企业中不断发光发热，为企业争光添彩。

责任心、执行能力和执行意志，都不是天生具有的，是后天努力的结果。要使自己的一生多姿多彩，使自己所在的企业有声有色，日益辉煌，就要从我开始，从今天开始，从所做的每一项工作开始。加倍努力，在工作中磨砺自己，提高自己，在工作中建立自己对企业的忠诚，燃起对企业永不熄灭的热情，磨炼出为企业兴旺，不怕困难的钢铁意志。

让我们用生命为国家、为企业、为家庭、为自己努力工作吧，让责任心永远相伴，让执行能力和执行意志逐步增强，让疏懒和借口永远走开。

承担责任，主动执行

三只饥寒交迫的老鼠一起去偷油。它们决定采用叠罗汉的方式，轮流喝油。当其中一只老鼠爬到另外两只老鼠的肩膀上，"胜利"在望时，不知什么原因，油瓶突然倒了，巨大的响声惊醒了主人，它们只好抱头鼠窜，落荒而逃。

回到鼠洞后，它们聚在一起开了个内部会议，讨论这次集体偷油失败的原因。

最上面的老鼠说："因为下面的老鼠抖动了一下，所以我不小心碰倒了油瓶。"

中间那只老鼠说："我感觉到下面的老鼠抽搐了一下，于是我抖动了一下。"

而最下面的老鼠说："我隐约听见有猫的叫声，所以抽搐了一下。"

原来如此——谁都没有责任。

职场中经常会遇到类似的情境。

在某企业的季度会议上就可以听到类似的推诿。营销部经理说："最近销售不理想，我们得负一定的责任。但主要原因在于对手推出的新产品比我们的产品先进。"

研发经理"认真"总结道："最近推出新产品少是由于研发预算少。大家都知道杯水车薪的预算还被财务部门削减了。"

财务经理马上接着解释："公司成本在上升，我们能节约就节约。"

这时，采购经理跳起来说："采购成本上升了10%，是由于俄罗斯一个生产铬的矿山爆炸了，导致不锈钢价格急速攀升。"

于是，大家异口同声说："原来如此！"言外之意便是：大家都没有责任。

最后，人力资源经理终于发言："这样说来，我只好去考核俄罗斯的矿山了？"

这是两则摘抄过来的故事,这样的故事在今天的工作岗位上依然一次次地在上演,并乐此不疲地延续着，没有反省，没有自责，没有愧疚，一切都那么理所当然。你或者你身边的同事又或是你的下属,是否也会在事故责任中上演着老鼠的偷油理论?想一想我们工作中出现的种种问题,诸如工作质量差,工作效率低,出现事故差错时的表现?

这是一种工作态度,美国西点军校的的行为准则是,学员在回答长官的问话时只能回答："Yes,sir." "No,sir." "No excuses,sir." 而罗文也正是以这样的行为准则,最终把美国总统的信送到了古巴的加西亚将军的手里,从而为美国赢得了战争。这种不折不扣的执行能力是我们今天最需要也是最缺乏的一种工作技能,惰性和不愿意使我们甚至不敢去承担责任,慢慢让我们走向平庸,逐渐面临被淘汰的危机。

由于不敢承担责任， 久而久之便养成依赖他人的行为习惯，依赖心理是我们每个人都有的一种潜意识,如果说在家对父母的依赖是一种亲情行为可以被接受的话,那么在职场中对同事以及上司的过分依赖,你则只是别人手臂的延长而已。没有自己的想法,不敢接手自己明明可以胜任的工作,总是在看着别人的眼神做事,没有自己独立的人格,久而久之,把自己变成了别人的附属物而存在。这也成为有些人摆脱责任的主要手段：这个事情与我无关,我是在他人指使的情况下执行的；这份工作没有按时完成是因为我没有得到上司的明确指令。要摆脱对他人的依赖,要从学会承担责任开始,要敢于对自己所做的事情负责,要明白自己的岗位职责,在自己的权限范围内,主动去解决问题。否则事事等待别人的指示,只能证明自己的无能,这是一种工作失职。勇敢地去执行,敢于面对问题,独立思考,主动解决,造就拥有自我的你。

担负责任就意味着自觉自愿的执行,海尔正是有了"日事日毕,日清日高"

的企业理念让它成为了国际知名的品牌。许多人做事总是一拖再拖，他们有太多理由：因为今天太累了，因为缺少其他部门提供的数据，因为他人……

拖延是惰性的一种表现，即将应该及时做的事情延缓至将来，把决定应立即采取的行动推到来日，拖延是成功的大敌，要战胜拖延必须养成良好的行为习惯，今日事今日毕，强制自己要坚持做完当天的事。针对每天的工作做一个计划，给每件事情定一个期限，坚持在自己限制的时间内完成。把每件完成的工作做上标记，给自己一个奖励，提升自己的成就感。

成功者找方法，失败者找借口。所有成果的造就都要靠行动来实现，行动了不一定能成功，但不去做注定一无所获，一切源于执行。是什么阻碍了你行动起来的欲望？

当我们在职业生涯中，欲向上拼搏而没有得到时，有没有想过我付出了多少，我在工作中承担了多少责任，又找了多少借口？一切源于执行，不要把责任当成一种理念，而是要把责任变成每一项任务，不折不扣地执行下去，100% 地完成任务，用行动去诠释责任的含义。

没有执行，就没有成功

美国人事决策国际公司的高管指出，"企业的战略之所以失败，其原因就在于它们没有被很好地执行。经理人要为此承担绝大部分责任，要么是他没有足够能力去执行，要么是他作出了错误判断。因此，提高'执行力'对经理人来说非常重要。"

美国 ABB 公司董事长巴尼维克曾说过："一位经理人的成功，5%在战略，95%在执行。"每一个企业的领导人都可以说是战略家，都有很好的想法，但当自己必须亲自处理公司的管理流程时却又大皱眉头，认为这是早已过时的微观化管理，自己应该充分地放权，将权力交给那些负责具体工作的人。

"其实这种观点极为片面。经理人参与到过程的执行中，并不是要削弱其他人的权力，而是一种更好的积极融合。经理人常常会从更加细小的环节入手，根据自己的理解不断提出新问题，将企业存在的问题公之于众，并最终号召大家一起来解决这个问题。"佐佑人力资源顾问有限公司的总经理张志学说。

以罗兰·贝格咨询公司为例。凡与其创始人和总裁罗兰·贝格打过交道的人都知道，他不会忘记任何事情，哪怕是一件小事。他每天都接触大量的各色各样的人物，每一件需要自己和别人做的事情他都会用录音机记下来，让秘书打出并发放给相关人员。他通常每天会发出 40—50 个给不同人的"内部备忘"。同时，他会在每一份"内部备忘"上标明时间，到了这个时间，秘书就会把这个"内部备忘"重新放在罗兰·贝格的案头。所以，没有一个人能够侥幸地让他忘记一件他曾关心过的事情。

罗兰·贝格常常将自己比做一支球队的教练，而教练的主要工作应当是在球场上完成的。他应该通过实际的观察来发现球员的个人特长，只有这样才能为球员找到更好的位置，将自己的经验、智慧和建议传达给自己的球员。

对企业经理人来说，情况都该如此，只有那些参与到企业运营当中的经理人，才能拥有足以把握全局的视角，并且作出正确的决策。为此，经理人必须亲自执行三个流程：挑选管理团队、制定战略、引导企业运营。并在此过程中完成各项计划。

PDI 的刘女士表示："上述工作都是执行的核心，而且无论组织大小，都不应该将其交付给其他任何人。如果一支球队的教练只是在办公室与新球员达成协议，而把所有的训练工作都交给自己的助理。人们可以清楚地预料到会有怎样的后果！"

执行对企业如此重要，以致全美企业经理人协会将"执行力"评为经理人必须提高的技能。那么，如何才能提高经理人的"执行力"呢？

首先，经理人在企业内应建立一种"执行文化"。哈佛商学院教授拉姆查兰指出："经理人培养'执行力'的目的在于为组织提供一个良好的示范，从而使组织形成一种执行文化，进而促使各级经理人的执行水平得到改善。"

在建立企业执行文化的过程中，经理人的示范作用非常大。从某种意义上说，经理人的行为将决定其他人的行为，从而最终其将演变成为该企业文化中的一个重要组成部分。

而员工执行力的强弱都取决于两个要素：一是个人能力；二是工作态度。要提高员工执行力，就必须从上述两个方面着手。

第一，能力的提高。没有工作能力是不可能按照领导的要求保质保量地完成工作任务的。要提高员工能力，企业应做好四个方面的工作：1.员工自身必须加强学习，提高自身素质。2.企业有步骤、有计划、分阶段地以培训进修、轮岗锻炼、工作加压等手段帮助员工进行自我提高。3.企业进行现有员工价值的开发。如果用"冰山"来比喻人的价值，它有90%都是沉在水面下未被开发的，而漂浮在水面上的10%就是展现出来的各种能力。企业一定要让员工明白，要学会发现问题，并在发现之后主动思考问题，思考之后要会解决问题。企业要重视普通员工解码能力，才能不断挖掘员工的自身潜力和价值。4.选拔合适的人，让他在合适的岗位上工作。对不称职的人员进行调整或解聘，这也有助于员工整体能力的提高。

第二，工作态度的转变。态度不够积极，是造成执行力较弱的最主要原因。关于态度，我们往往在认识上存在一个误区，认为良好态度的缺乏是下属员工的问题，是这个下属不合格的表现，要解决这个问题只能要求下属主动地改变工作态度。其实，真正要解决这个问题首先是管理者应该进行改变，而不仅仅寄希望于下属员工态度的改变。管理者要做到让态度不佳的员工改变，也具备执行力，应该从五个方面入手。1.了解员工个人自我发展规划，帮助员工规划职业生涯，使员工真正安心于企业工作。2.企业管理者应经常与员工沟通、交流。如果员工什么事都被管理人员蒙在鼓里，就会影响员工的情绪及工作态度。3.明确员工的工作目标。管理者在布置任务时，一定要明确指示所期望达到的结果和所期望完成的时间，并与下属员工验证大家的理解是否一致。只有做到这一点，执行力才有可能实现。否则，下属对执行的内容和你的理解都不同，你当然会对他们的执行力不满了。4.督促下属员工制订工作计划，将年度目标分解到每月、每周，工作计划要注重科学性和可操作性。有了工作计划，不管员工态度如何，自然会自觉地对工作计划和任务开始进行思考，想办法去完成工作任务。5.严格、合理、有效的监督检查、控制机制及公开、公平的业绩考核和奖惩制度。当充满热情、激情的员工面对嘲讽他们努力的奖励系统时，作为一种社会动物的人是很难特立独行的。表现不佳者被纵容，坏习惯也会像"瘟疫"一样四处扩散传播复制。

总而言之，要让员工做到有执行力，管理者本身的改变能够起到决定性作用。只有建立有执行力的管理团队，通过严格的制度管理，不断提高员工执行能力，执行就会成为一种优秀文化在企业生根开花结果。

负责的人　绝不推辞

麦克阿瑟将军曾任过西点军校校长，他在西点军校发表过一篇激动人心的演讲——《责任—荣誉—国家》，其中讲到：

"你们的任务就是坚定地、不可侵犯地赢得战争的胜利。你们的职业中只有这个生死攸关的献身，此外，什么也没有。其余的一切公共目的、公共计划、公共需求，无论大小，都可以寻找其他的办法去完成；而你们就是通过训练将要参加战斗的，你们的职业就是战斗——决心取胜。在战争中明确的认识就是为了胜利，这是代替不了的。假如您失败了，国家就要遭到破坏，唯一缠住您的公务就是责任—荣誉—国家。"

1918 年 9 月 6 日凌晨 2 时 30 分，圣米歇尔战役打响了。巴顿指挥美军的坦克兵参加了这场战役。经过 3 个小时的炮火准备后，美军在浓雾的掩护下发起了猛烈攻击。浓雾虽然有利于坦克的隐蔽，但也挡住了巴顿的视线。于是，他便带领 5 名军官和 12 名机械师向着炮弹爆炸的方向步行过去。巴顿在向切平去的路上，遭到敌人炮火和机枪火力的封锁，他们只能趴在铁路边的沟渠里隐蔽。惊惶失措的步兵匆忙向后退，巴顿极力阻止了他们的这一行动。

敌人的炮火稍一减弱，巴顿马上指挥集合起来的一百多个人，沿山丘北面的斜坡往上冲。但是在斜坡底下，坦克被两个大壕沟挡住了去路，只有填平了壕沟，坦克才能顺利通过。而此时，敌人不断地向这里射击，士兵们不得不经常隐蔽起来，工作受到严重干扰，工作进度非常缓慢。

看到这种情况，巴顿立即解下皮带，拿起铁锹和锄头，亲自动手干了起来。

敌人仍然不断向这边开火，但是巴顿丝毫没有停下来躲避的意思。一发子弹击中他身边一个士兵的头部，他继续挖土，不为所动。大伙被巴顿这种将生死置之度外的勇气征服，也因此受到极大的鼓舞，齐心协力，很快就将壕沟填平了。五辆坦克越过壕沟，冲向山顶。

坦克到达山顶后，巴顿挥动着指挥棒，口中高声喊道："我们冲上去吧，谁跟我一起上？"分散在斜坡上的士兵全都站起来，跟随他往上冲。他们刚冲到山顶，一阵机枪子弹就像雨点般猛射过来。大伙立即都趴到地上，几个人当场毙命。当时的情景让人不寒而栗，大多数人都趴在地上一动也不敢动。望着倒在身边的尸体，看到士兵的战斗气势，巴顿大喊："该是另一个巴顿献身的时候了！"便带头向前冲去。

只有六个人跟着他一起往前冲，但很快，他们一个接一个地倒下去，巴顿身边只剩下传令兵安吉洛。安吉洛对巴顿说："就剩我们孤单单两个人了。"巴顿回答说："无论如何也要前进！"他又向前冲去，但没几步，一颗子弹击中他的左大腿，从他的直肠穿了出来。他摔倒在地，血流不止。在战场上，类似的事件对于他来说，再平常不过了。

鉴于巴顿的杰出表现，为他颁发了"优异服务十字勋章"，以表彰他在战场上的勇敢表现和突出战绩。嘉奖令上写道："1918年9月6日，在法国切平附近，他在指挥部队向埃尔山谷前进中，表现出超乎寻常的责任感。尔后，他将一支瓦解了的步兵集合起来，率领他们跟在坦克后面，冒着机枪和大炮的密集火力前进，直到负伤。在他不能继续前进时，仍然坚持指挥部队作战，直到将一切指挥事宜移交完毕。"

"责任到此，不能再推"。美国总统杜鲁门在评价格兰特时曾经这样说。 这句评价再恰当不过了。在格兰特之前的四位将军，也是富有责任心的人。但是他们对责任的理解仅仅停留"我仅仅为我能做到的事情负责"。也就是说，只要我认为我做不到，所以我就不必为此负责任。

所以当林肯以恳求的口气，要求他的将军们无论如何去打一仗，即使失败也要打上一仗时，他的将军们这样回答："对不起，总统先生，我们的装备很差，我们的士兵素质很低，所以我们不能马上开战。"这种回答，在有责任心的人看来，只是一种冠冕堂皇的更为隐蔽的借口。

格兰特就没有推辞。没有正规军，格兰特就自己训练民兵组织。在被正式任命为陆军准将之后，格兰特马上决定攻打亨利要塞。他对他的上级哈勒克将军说："我觉得我有能力完成这个计划，我将为此在所不惜。"这是一种真正负责任的态度。"责任到此，不能再推"。作为一名军人，你的职责就是战斗。不去战斗的军队，即使找到再美丽的借口，也没有尽到军队的职责和义务。

责任到此，不能再推。一个人负责任的唯一方法就是去战斗。在这方面，像格兰特、巴顿这样的人是我们永远的典范。那些把责任挂在嘴边，却没有实际行动的人，不是有责任感的人，也不是负责任的人。

在企业中，实际上每一位员工都了解自己的职责，并且也能很好地阐述自己岗位的责任，但很少有人能做到。为什么？因为大多数人把"责任"理解为一种理念，而不知道责任就是执行，只有行动了，才能称为负责任。负责不仅仅是去执行，而且还是100%完成任务。

有责任感的员工，面对问题，他去主动解决；面对失误，他能主动承担。对自己的失误负责，不仅能以良好的人品、道德和人格魅力换得别人的信赖；同时，在积极补救失误的过程中，也提高了自己解决问题的能力，从而使工作做得更好。

但是如果想推脱责任，或者嫁祸他人，不但于事无补，甚至可能毁了自己的前程。

　　刘东是一家大型建筑公司的工程部经理。他口才好，又极懂得周旋，上司对他很是器重。在外地的一桩工程收尾过程中，公司与当地居民发生了纠纷，公司就安排刘东来处理这件事情，希望通过他与外地公司的几位负责人的共同协调，把这件事处理妥当。

　　但刘东觉得，这些事务不属于他的职责范围，因而工作起来不积极；在处理具体事务时，又自恃是总裁派来的人，总是一意孤行，不与分部负责人积极配合。另外，他不了解当地的民俗民情，还与当地居民发生了尖锐的冲突。调节的结果可想而知。当总裁责怪他时，他却把责任全部推到了分部负责人的头上，并声称事情到这种地步，与自己毫无干系。总裁对事情进行了一番详细的调查后，终于了解了事情的全部过程，不但给了刘东罚薪处分，还对刘东的人品和能力产生了极大的怀疑。

时隔不久，刘东又因为公司业务，与分部那几位负责人进行了工作方面的交接。大家都知道他当初为了推脱责任嫁祸于人的做法，对这个人大家都没有好感，在工作方面尽量减少接触，甚至有些人在工作上并不配合，最终导致了刘东业务上的失败。无奈之下，刘东不得不辞职，离开了这家极有发展前途的公司。

像刘东这样明目张胆地嫁祸他人，做法固然令人厌恶。但是，在一个公司内部，找替罪羊似乎早已成为了一种风气，责怪别人成了一种习惯，大家都互相埋怨，互相推卸责任，就不会再感到道德的压力与约束了。于是，推卸责任变得理所当然起来。有时，这个受责怪的对象可能并不存在，是一位莫须有的员工。例如，当有人问"谁又把这个弄错了？""究竟谁负责？"员工常常这样回答，"不知道谁在上一个工序没有按时完成！"人们称他为"谁"。有了他，大家都可以把事情怪到他头上。

这样，CEO 责怪副总裁，副总裁责怪经理，经理责怪员工，员工责怪客户，甲部门责怪乙部门……形成一种奇怪的"责怪链"。这样一个组织，以及在这个组织中工作的员工，他们的未来恐怕不容乐观吧！

找替罪羊不仅对问题本身于事无补，而且会影响团结，形成内耗，在人与人之间筑起高墙，职员之间勾心斗角，使得员工无法安心工作，也不愿意尽自己最大的努力去为公司服务，极大程度地摧毁了员工个人的创造力。因为出现差错的话，还会有莫须有的"他"来做替罪羊。

我们反过来想一下，如果员工主动为客户的不满承担责任；经理多想想员工的失误是否是由于自己的指导出现了问题；总裁做出敢于承认错误的表率；销售部门业绩不佳时，开发部门主动改进工作……那么，这个公司的运营会怎样？这个公司员工的积极性会怎样？

所以说，把"责怪链"变成"责任链"才是改善之道，这样才能切实地做好个人责任意识的提升与培养，集思广益，通过团队合作把事情做好。"责任链"形成了，在这种环境中工作，每个员工必定愿意尽自己的力量推动每一项计划，公司也势必会蓬勃发展！

接到任务，马上执行

如果我们认准了一项工作，那么我们就要立即行动，因为世界上有93%的人都因拖延懒惰而一事无成。一日有一日的理想和决断，昨日有昨日的事，今日有今日的事，明日有明日的事。一百次的胡思乱想抵不上一次的行动。

有一位心理学家多年来一直在探寻成功人士的精神世界，他发现了两种本质的力量：一种是在严格而缜密的逻辑思维引导下艰苦工作，另一种是在突发、热烈的灵感激励下立即行动。

当可能改变命运的灵感在世俗生活中喷发时，总是还要等到"万事俱备"，只要有了这种想法，绝大多数情况下，灵感会在时间中流产。人们此后又回到原来的生活常轨，什么时候该做什么照常做什么。他们并没有意识到，内在的冲动是人类潜意识通向客观世界的直达快车。

世间永远没有绝对完美的事。"万事俱备"只不过是"永远不可能做到"的代名词。一旦延迟，愚蠢地去满足"万事俱备"这一先行条件，不但辛苦加倍，还会使灵感失去应有的乐趣。以周密的思考来掩饰自己的不行动，甚至比一时冲动行事还要糟糕。

企盼"万事俱备"后再行动，你的工作也许永远没有"开始"。人们往往在事情到来之时，总是先有积极的想法，然后头脑中就会冒出"我应该先……"，这样一来，你的一只腿就陷入了"万事俱备"的泥潭。一旦陷入，你将顾虑重重，不知所措，无法定夺何时开始，时间一分一秒地浪费了，你陷入失望的情绪里，最终只有以懊悔面对仍悬而未决的工作。

威廉·詹姆斯说："灵感的每一次闪烁和启示，都让它像气体一样溜掉而毫无踪迹，会比丧失机遇还要糟糕，因为它在无形中阻断了激情喷发的正常渠道。如此一来，人类将无法聚起一股坚定而快速应变的力量以对付生活的突变。"

有一次，沃尔特·皮特金在好莱坞时，一位年轻的支持者向他提出了一项大胆的建设性方案——投资一项一千万美元的电影。在场的人全被吸引住了，它显然值得考虑，不过他们可以从容考虑，然后讨论，最后再决定如何去做。但是，当其他人正在琢磨这个方案时，皮特金突然把手伸向电话并立即开始向华尔街拍电报，电文热烈地陈述了这个方案。当然，拍这么长的电报价格不菲，但它表达了皮特金的信念。

出乎意料的是，一千万美元的电影投资项目就因为这个电文而拍板签约。假如他们拖延行动，该方案极可能就在他们小心翼翼的漫谈中自动流产——至少会失去它最初的光泽。然而皮特金立刻付诸了行动。在他一生中，他培养了灵感，信赖它，将它当成他最可靠的心理顾问。

很多人羡慕他办事如此简明。但他之所以办事简明，就是因为在长期训练中养成了"马上行动"的习惯。不管从事什么行业，一旦你接手某项工作，你必须抓住工作的实质，当机立断，立即行动。凡事必须先行动起来，因为一旦进入行动状态，人们就来不及多想，就等于逼上梁山，背水一战，只有一条路走到底，这样反而容易成功。

很多时候，你若立即进入工作的主题，将会惊讶地发现，如果拿浪费在"万事俱备"上的时间和潜力处理手中的工作，往往绰绰有余。而且，许多事情你若立即动手去做，就会感到快乐、有趣，加大成功几率。最消磨意志、摧毁创造力的事情，莫过于拥有梦想而不开始行动。

年轻人最容易染上的可怕习惯，就是遇事明明已经计划好、考虑过，甚至已经做出决定了，却仍然畏首畏尾、瞻前顾后，不敢采取行动。对自己越来越没有信心，不敢决断，终于陷入失败的境地。

马上去做！亲自去做！是现代成功人士的做事理念。任何规划和蓝图都不能保证你成功，很多企业之所以能取得今天的成就，不是事先规划出来的，而是在行动中一步一步经过不断调整和实践出来的。因为任何规划都有缺陷，规划的东西是纸上的，与实际总是有距离的。规划可以在执行中修改，但关键还是要马上去做！根据你的目标马上行动，没有行动，再好的计划也是白日梦。

也许，在开始的时候，你会觉得做到"立即行动"很不容易，因为难免会发生失误。

但你最终会发现，"立即行动"的工作态度会成为你个人价值的一部分。当你养成"立即行动"的工作习惯时，你就掌握了个人进取的秘诀。当你下定决心永远以积极的心态做事时，你就朝自己的成功目标迈出了重要一步。如果你犯了一项错误，这个世界将会原谅你，但如果你未做任何决定，这个世界将不会原谅你。

立即采取行动，还会提升自己的人格，发展自己的个性。但最重要的是，你做了你想做的事情。如果你缺乏勇气、忍耐力、魄力、决断力，那就磨炼自己具备这些能力。应该深信，上帝赋予你一种神奇的力量，使你能够改变自己。如果你已做了一个真正的决定，那就要马上行动起来。方法是写下开头的几个步骤：你做这件事情的原因；哪几件事是你现在马上可以进行，并且对你的新决定有帮助；你有什么与众不同的想法；你打算分几个步骤；有谁可以给你帮助……你要将这些可以立即做的事列成一张表，并马上去实行它们，现在就去做！

第六章
锁定目标　对结果负责

对结果负责才是真正的负责

美国的演说家格里·富斯特讲了一个简单的故事，从这个故事中，你也许能对责任感的强弱做出比较清晰的分辨。

作为一个公众演说家，富斯特发现自己成功的最重要一点是让顾客及时见到他本人和他的材料。

事实上，这件事情如此重要，以至于富斯特管理公司有一个人的专职工作就是让他本人和他的材料及时到达顾客那里。

"最近，我安排了一次去多伦多的演讲。飞机在芝加哥停下来之后，我往公司办公室打电话以确定一切都已安排妥当。我走到电话机旁，一种似曾经历的感觉浮现在脑海中：

8年前，同样是去多伦多参加一个由我担任主讲人的会议，同样是在芝加哥，我给办公室里那个负责材料的琳达打电话，问演讲的材料是否已经送到多伦多，她回答说：'别着急，我在6天前已经把东西送出去了。''他们收到了吗？'我问。'我是让联邦快递送的，他们保证两天后到达。'"

从这段话中可以看出，琳达觉得自己是负责任的。

她获得了正确的信息(地址、日期、联系人、材料的数量和类型)，她也许还选择了适当的货柜，亲自包装了盒子以保护材料，并及早提交给联邦快递，为意外情况留下了时间。

但是，正如这段对话所显示的，她没有负责到底，直到有确定的结果。

格里继续讲他的故事："那是8年前的事情了。随着8年前的记忆重新浮现，我的心里有些忐忑不安，担心这次再出意外，我接通了助手艾米的电话，说：'我的材料到了吗？'"

"'到了，艾丽西亚3天前就拿到了。'她说，'但我给她打电话时，她告诉我听众有可能会比原来预计的多400人。不过别着急，她把多出来的也准备好了。事实上，她对具体会多出多少也没有清楚的预计，因为允许有些人临时到场再登记入场，这样我怕400份不够，为保险起见寄了600份。还有，她问我你是否需要在演讲开始前让听众手上有资料。我告诉她你通常是这样的，但这次是一个新的演讲，所以我也不能确定。这样，她决定在演讲前提前发资料，除非你明确告诉她不这样做。我有她的电话，如果你还有别的要求，今天晚上可以找到她。'"

艾米的一番话，让格里彻底放下心来。

艾米对结果负责，她知道结果是最关键的，在结果没出来之前，她是不会休息的——这是她的职责！所有的领导都渴望能找到像艾米这样的雇员为他们工作。

很多公司的员工让自己的上司感到不放心，就是由于缺乏结果导向意识。结果导向的一大要素就是要有一个目标在，最好能将这个目标写成书面的一个承诺，写成书面的一个结果。这种做法体现了管理者对自身的一种比较严格的要求，就算不能在预定时间完成目标，至少可以一目了然地看到差距。这样的做法会令上司多几分信任。

目前很多广告招聘就做到了"要有一个目标在"，很多企业已经很明确地提出要招聘结果导向型的管理人员。有的是单独的一条结果导向，有的则是要求具备结果导向的观念或者做事风格，这就说明结果导向这个要求已经成为很多企业的一个基本的要求了。

当你向手下交代一项工作的时候，他可能常常不知从何做起，对于最后要达到一个什么样的目标，也不明确。"要有一个目标在"的意思就是要你把你的整体目标分解落实为你的某位部属的一个具体的目标。若干个手下的多个目标实现了，你的目标也就达成了。"一个目标"中的这个"目标"未必就只是一个指标，而是可以为多个具体的指标和参数。

　　简单化地想象，我们会以为，把整体目标化解为若干个小的目标应该是很正常、平凡的常理之中的事，其实未必如此。有的领导向手下交代一项工作，常常非常不具体，目标不明确，方向也不肯定——他可能只是按自己的理解以为很简单，但却可能并未将自己的理解真正表达出来。"要有一个目标在"要求把你的目标表达成为一个很明确、具体、可操作的目标，这样，手下才能执行你的意志。也就是说，你的管理不能太抽象，不能是个笼统的方向，而应该是具体的、与手下现有的观念、管理现状相结合的、有共同语言的具体目标。

　　"要有一个目标在"的另一个意思是：虽然以目前状况和现实来理解，这个目标是难以想象、不可思议的，但是你必须有一个目标——这个目标可以给工作指明方向，指明评定指标和评核的标准。于是，当手下埋怨你的想法、你的吩咐难以执行时，你可以告诉他："要有一个目标在，你的工作总得有个目标和方向。我所说的难道不正是你的工作早晚要达到的方向吗？"

　　作为一个主管，当你让部下"有了一个目标在"之后，你才算真正让他们知道了其工作的中心任务和重点，真正理解了你的安排和吩咐。

注重结果才能获得功劳

在市场经济的新时代，做任何事情都应该有一个好的结果。不仅要做事，更要做成事。不仅要有苦劳，更要有功劳。

光像"老黄牛"那样低头做事是不够的，"老黄牛"还得插上效率和效益的翅膀！没有效率的忙是"穷忙"、"瞎忙"！

你是否发现有这样的现象——领导安排同样性质的一件事情给两位员工去做。其中的一位每天提早上班，推迟下班，连星期六、星期天都不休息，弄得身心憔悴，愁眉苦脸。但是，由于他没有达到要求，领导对他总是很不满意，甚至对他还严加批评。另外一位员工，从不需加班加点，只是每天把该做的事情都做好，每天报告给领导的都是好的进度与消息，领导对他总是笑脸相迎，经常表扬，最后将他提拔。

这样的现象，在20年前可能不明显，甚至第一种员工可能得到更多的表扬，但是在当代社会，领导重视能出业绩的员工的情况越来越普遍了。

是老总偏心、不欣赏苦干的员工而只是欣赏"讨巧"的员工吗？往往不是这样。主要的原因，是我们已经进入了市场经济的新时代。那些光知道苦干、穷忙的人，越来越得不到认可。社会正越来越认可一个新的理念：做任何事情都要讲究效率和效益！

不仅要努力做事，更要做成事！联想集团有个很有名的理念："不重过程重结果，不重苦劳重功劳。"这是写在《联想文化手册》中的核心理念之一。在这个手册中，还明确记录道：这个理念，是联想公司成立半年之后，开始格外强调的。

联想为何在这一时期会如此强调这一理念呢?

联想刚刚成立时,只有几十万元资金,却由于过于轻信人,被人骗走了一大半。这一来,使公司元气大伤,甚至员工被迫要去卖蔬菜来挽回损失。

毫无疑问,刚刚创业时候的联想,大家都有为事业拼命的干劲和热情,但是,光有干劲和热情,并不能保证财富增加与事业的成功。不仅如此,商场如战场,光有善良、热情、好心等品质,如果缺乏智慧和方法,完全可能给企业造成巨大的损失!

当时就那么一点点的资金,如果没有用好,公司就有可能夭折、破产!这时,只是强调繁忙、勤奋、卖命、辛苦等,已经没有太多的意义。

经过了这一教训,联想后来做事不仅越来越冷静、踏实,而且特别重视策略、方法。联想自从成立以后,到如今已经20年。这20年,它已经从几个下海的知识分子的公司,变为了一家享誉海内外的高科技公司。它之所以后来有这样大的发展,毫无疑问与这个核心理念密切相关。

以往我们经常听到某些人讲:"没有功劳有苦劳。"苦劳固然使人感动,但在新的历史形势下,只有具备"结果思维",不断创造功劳的人,才有更好的发展!

美国汽车大王福特,只受过很少的正规教育。在第一次世界大战期间,一家报纸刊登评论,说福特是"无知的和平主义者",福特得知后很生气,向法庭控告该报恶意诽谤。

开庭审理时,对方的律师向福特提出了许多对于受过正规学校教育的人来说,属于"常识性"的问题,如"英国在1776年派了多少军队来美国镇压反叛?""美国宪法的第五条内容是什么?"等等。对方想利用自己在书本知识上的优势,以此来证明福特确是一个"无知的人"。

福特开始还有礼貌地听着,很快就不耐烦了,他气愤地对这位律师说:"请让我来提醒你，在我的办公桌上有一排电钮，只要我按下某个电钮，就能把我所需要的助手招来，他能够回答我企业中任何问题。至于我企业之外的问题，只要我想知道，也可以用同样的方法获得。既然我周围的人能够提供我所需要的任何知识，难道仅仅为了在法庭上能回答出你的提问，我就应该满脑子都塞满那些东西吗？"

福特这样做不是"摆谱"，而是有着他对效率、结果的高标准的要求。

发生在福特身上的另外一个小故事，也许会给你带来进一步的启示。

在刚刚创办福特汽车公司不久，福特向一家厂商订购了大批汽车零件。耐人寻味的是他在严格要求零件品质的同时，也严格规定了装零件的木箱的有关尺寸、厚度等。这样的要求，不要说厂商，连他的员工都认为他有些过分。

货到以后，他又特别叮嘱要小心开箱，不要损坏木板。之后，他拿出一张新办公室的设计图，用这些木板来做办公室的地板，竟然相差无几！原来，他在进货的时候，就考虑到要把这些平时处理掉的木板用到办公室里来！

一举两得。你瞧瞧这是一种何等可贵的充分利用资源的智慧啊！工作一定要有更好的结果，工作一定要有更高的效率！福特是被誉为"把美国带到流水线上"的人，为何对他有这样的赞誉？在某种程度上，是由于他发明了现代流水线作业的方式，从而大大提高了工作效率。福特是一个酷爱效率的天才，曾经对人们浪费时间的各种恶习，进行了总结，并严加抨击。

下面是福特所总结的人们浪费时间的恶习，对照一下，在你的身上，是否也存在同样的毛病：

打太多的电话。

拜访太多的朋友，而且每次待的时间太久。

写过长的信件，其实只要1到3页的篇幅就可以把事情交代清楚。

花太多的时间处理细枝末节，反而忽略了大事。

所读的东西既没有提供任何信息，也没有提供任何的启发。

花在玩乐上的时间太多，而且次数也过多。

与对自己没有任何启发的人在一起的时间太多。

花在读广告传单上的时间太多。

当应该着手进行下一项工作的时候，却往往停下来对别人解释为什么要这样做。

应该利用晚上的时间去夜校汲取知识，但在事实上，大多数的人都把晚上的时间用来看电影。

上班的时候应该专心做好事先规划好的工作，但事实上，许多人都把时间用来做白日梦。

在不重要的事情上投注宝贵的时间和精力……

在总结这些之后，福特痛心地说："人们每天花在处理这样一些没有必要处理的事情上的时间，说起来是这样惊人。除非我们把自己从这些事情中解放出来，否则我们无法成为一个有成果的现代人！"

你发现福特总结的这些现象在你身上体现得明显吗？福特的总结，能给你大的触动吗？

一位著名的商界精英，工作效率奇高。他是怎么做到这一点的呢？

在每个工作日开始做的第一件事，就是将当天要做的事分为三类：

第一类是所有能够带来新生意、增加营业额的工作；

第二类是为了维持现有状态，或使现有状态能够持续下去的一切工作；

第三类则包括所有必须去做但对企业和利润没有任何价值的工作。

在完成所有第一类工作之前，他绝不会开始第二类工作。在完成第二类工作之前，也绝不会着手进行任何第三类的工作。

他还要求自己："你必须坚持养成一种习惯：任何一件事都必须在规定好的几分钟、一天或一个星期内完成，每件事都必须有一个期限。如果坚持这么做，你就会努力赶上期限，而不是无休止地拖下去。"

这位商界精英通过现身说法，讲述了分秒必争、期限紧缩的真正价值。

在我们这个时代，多的是"忙人"。他们每天在急急忙忙地上班、急急忙忙地说话、急急忙忙地做事，可到月底一盘算，却发现自己并没有做成几件像样的事情。他们往往以一个"忙"字作为自己努力的漂亮外衣。却没有想到，这种忙，只能是"穷忙""瞎忙"，没有给自己和单位带来效益。

做一个凡事讲究结果和功劳的人吧，这样，你才会赢得最快速度的发展，并得到最大限度的认可与回报。

一切以结果为导向

让我们来看一个故事：

最近，动物庄园里一派繁荣景象，动物们兴起了一轮房地产热，牛猪鸡鸭都搞起了房地产，房地产峰会、明星对话论坛此起彼伏，好不热闹。

话说动物庄园里有一头理想主义的牛和一头结果导向的牛，兄弟俩不甘人后，也搞起了房地产。他们各自组建了一个房地产公司，分别培养了一支理想主义和结果导向的职业经理人队伍。有一天，他们作了一个约定：比赛谁的企业做得大，赚得钱最多。

理想主义的牛做事一向追求完美。他想，企业做大，首先必须有一套先进的企业管理制度。但动物庄园作为发展中国家，大部分优秀的庄园企业在他人眼中只算得"小企业"，没有这方面的经验。于是他花了一笔钱，请来山姆家的麦卡管理咨询顾问，引进了一套先进的绩效管理体系，有了一个宏伟的百年战略规划。每年年终，他根据绩效评估结果奖励那些做事规范、工作完美的理想主义的牛。

理想主义的牛雄心勃勃地设想，有了这些先进的管理模式，只要能够有效管理和合理评估每头理想主义的牛的工作，在一个完善的管理团队中，所有这些理想主义的牛各司其职，就可以推动企业方阵朝着既定的目标迈进。

结果导向的牛做事一向实际。他想，企业最终必须靠业绩说话，而良好的业绩首先必须有良好的销售。于是他也花了一笔钱，买了一套销售和客户管理软件。通过分析客户需求建造并且销售房子，又通过销售结果分析客户需求的变化。他也设立了一套激励制度，重奖当月为销售做出重大贡献的结果导向的牛，如果房子的销售总量高于上月，那么所有结果导向的牛都将即时受到额度不一的奖励。

一年过去了，双方比较比赛的结果，理想主义的牛不如结果导向的牛的一半。理想主义的牛大惑不解，花了这么多钱设立的管理体系怎么会不管用？

他花了相当多的时间到企业中去调查，发现所有理想主义的牛都在努力工作，早上唱着"早起的鸟儿有虫吃"去上班，晚上还自觉主动地加班，费了惊人的时间和精力将每一件事情都打磨完美。在管理体系之下，所有的工作都受到层级严密的控制，同时所有工作也都依从上级的安排和指令。但由于出现一些投入巨大但产出不大、意义不大乃至错误的事情，不少理想主义的牛备受打击，觉得挫折和沮丧。与此同时，在一个等级森严的体系中，人们花费大量的时间去跟其他部门进行沟通，部门之间充斥着一股相互抱怨的气氛……

他又到结果导向的牛的企业中进行考察和交流，发现他们企业制度虽然不尽完善，但个个目的明确，行动迅速，应变灵活，人员少于理想主义的牛，但开发楼盘比自己还多。产品不算最好，但销量很好……

为什么理想主义的牛失败了？原因就是没有采用结果导向的管理体系。

一般来说，企业老板都很了解什么是结果导向，这主要是因为老板每到月底都要发工资，这就是结果导向。这个任务是死的，既然公司请了一帮人干活，到了月底，不管经营好坏，工资都要按时发，这就是结果导向。

结果导向是每个人都需要的，老板到了月底要发工资，所以他不得不强调结果导向。结果导向强调的就是结果，它包含以下几个要素。

结果导向首先要强调的一个要素就是站在结果的角度思考问题，这是结果导向的核心。

只有先考虑了结果的要求，才能做到以结果为导向，否则就是一句空话。

如果你仔细看看《羊城晚报》或《广州日报》上的那些用英文写出的"招聘广告"，那么你一定可以发现一个最常用到的字眼，它就是"result oriented"，它的中文意思是"结果导向"，也就是说要求所应聘的人要是"结果导向"型的。其实，不只是中国人的报纸这样，其他国家的"招聘广告"也是如此，"结果导向"这个词汇就是从国外引进的。

具体说来，"结果导向"有以下几层含义：

（1）以达成目标为原则，不为困难所阻挠。

（2）以完成结果为标准，没有理由和借口。

（3）在目标面前没有体谅和同情可言，所有的结果只有一个：是，或者非！

（4）在具体的目标和结果面前，没有感情、没有情绪可言，只有：成功，或者失败！

（5）在工作和目标面前，没有"人性"可言，因为客观世界是没有"人性"可言的，因此再大的困难也要"拼"！

（6）你的事情没有做成，那就"走人吧"！同情有什么用？你需要"同情"做什么？一个老板找不到订单怎么办？他可以去对谁哭吗？

（7）"管理不讲情"，对部下的体谅最后不过是迁就而已。

（8）在客观的困难和异常那边，你可以有一千个理由、一万个原因、十万个无能为力、百万个尽心尽力，可是在结果面前来讲，却只有一个简单的结果：货要按时出还是不要按时出？

（9）在结果导向面前，我们常常不得不"死马当活马医"，我们不会轻易放弃，因为放弃就意味着投降。

（10）事情没有搞定便表示你的产品没有卖出去，你也就没有"营业额"，难道你可以下班了吗？产品没有卖出去便没有钱，那你下班回家靠什么吃饭？

（11）不要用你的判定挡住了你的去路。有位采购员告诉我说某个零件来不及供货，该怎么办？我问他电话联系过没有，他说"没有。"然后又补充说："就是联系，厂商也没那么快的！"他这是在用自己的判定去挡住自己的路。

结果胜过一切

第二次世界大战的时候，有一队美国士兵要被派到德国去做间谍。领队的长官告诉士兵们，送他们去的飞机只能在德国和俄国的边境附近把他们空投下去，因为那时候欧洲第二战场还没有开辟，盟军部队还不能接近德国领土。

但是这些士兵在出发前的一个月都还不会说德语，于是长官严肃地告诉他们："这一个月里你们要学会德语，一个月之后出发，不论你们到时候学会没有，都得去。"结果士兵们在一个月里日夜苦学，一个月后几乎人人都能说一口地道的德语，甚至连口音和语调都非常像德国人。

为什么他们能这么神速地学会德语？因为士兵们都知道，如果德语学不像，一旦他们跳下飞机，德国人就会立刻把他们抓起来，他们就会没命了，那时候连说理由的机会都没有。

尽管很多人在学外语的时候，想着"苦读法"，想着"巧记法"，想着"速成法"，但是不管怎样都要得到一个结果——学会外语。

结果第一，理由第二，执行的本质就在于抓住结果，实现预期结果，没有结果一切理由都不存在。

事情都做完了，你有一千个理由，你有一万个理由都不重要，重要的是这个事情的结果是什么！因为我们是靠结果生存，我们不可能靠主意活下去。

没有结果，就不能生存，这同样是企业发展的硬道理。著名企业华为在中国被誉为"狼性文化"的代表，既然是狼，就要使用狼性手段来追求结果。华为老总任正非曾经说过，什么是核心竞争力？"选我不选你"就是华为的核心竞争力。

一名华为人这样形容华为的销售策略："华为用一种自然的方式令员工们相信，为了市场销售的增长，大家所做的一切都不是可耻的。"华为在20世纪90年代起步阶段，为了能和客户搞好关系，有的华为员工能把电信局上上下下领导的儿女上下学、家里换煤气罐等所有家务都包了；能够比一个新任处长的朋友更早得知其新办公地址，在他上任第一天将《华为人报》改投到新单位。这样的故事有许多，从中我们看到华为对结果痴迷追求的"狼性原则"。这种原则，同样显现在今天华为在国际市场的打拼上，使华为成为国内少有的跨国企业。我们很难想象，没有当初的市场政治家的狼劲，如何能够有今天华为人的拼劲？

换个角度看问题，可以用一句话来说明这个现象即使战略是错误的，也不是我们可以放弃努力的理由！赢在执行！回答的就是这种奇特的现象。

从组织能力的角度看，执行有着自己独特的逻辑。有时候，执行本身还包含着对自我能力的超越。战略是方向，有了方向不等于有结果，但有能力却是获得结果最重要的因素，为什么我们总错？谁能够保证我们就不会对呢？

伟大的的公司为什么不会死？不完全是因为他们总是方向正确，而是他们即使在方向错的情况下，也在奋力拼搏。这种时候，失败的只是方向，作为人本身，作为团队，并没有错。这样，一旦方向对了，站起来的又是一个巨人！

现在的日本公司不就是这样吗？当日本公司群体性亏损的时候，那一定是出现了战略性的方向问题，但谁敢否定日本公司的强大？如果它们只是方向有问题，组织能力或执行能力没有问题，谁敢保证它们永远错呢？一旦他们醒来，仍然是中国公司最强大的竞争对手！

做一个追求结果的员工

做一个追求结果的员工，是一个人做好其本职工作的杰出表现。对于结果的追求，必须是一定要做到，而不能想一想了事。

先让我们来看两个小故事：

最伟大的篮球运动员乔丹在上高中的时候，教练告诉他："迈克尔·乔丹，你身高不够高，没有超过1.80米。所以即使你球打得再好，以后也不可能进入NBA，我们决定不要你这个球员。"

迈克尔·乔丹想："怎么可能？我未来要进北卡罗来纳州立大学，怎么可能我连高中的校队都进不去，你嫌我身高太矮？"

迈克尔·乔丹对教练说："教练，我不上场打球，可是我愿意帮所有的球员拎行李。当他们下场的时候，我愿意帮他们擦汗。请你让我在这个球队，跟这些球员一起练球，这是我要成功的企图心。"

教练发现迈克尔·乔丹的企图心的确超过任何人，所以他接受了迈克尔·乔丹的建议。

有一天早上8点钟，篮球场的管理员跑去整理球场，发现有一个黑人倒在地上睡觉。他问道："你叫什么名字？"这个黑人好像很累的样子说："我叫迈克尔·乔丹。"实在是太累了！

迈克尔·乔丹早上练球，中午练球，下午跟着球员一起练球，晚上还要练球，他比任何人都要努力。后来迈克尔·乔丹的父亲讲，乔丹全家人的身高没有一个人超过 180 公分。

结果迈克尔·乔丹长到了 198 公分，长高了 20 公分。后来迈克尔·乔丹果然如愿以偿进入北卡罗来纳州立大学。

举世闻名的国际巨星席维斯·史泰龙，在尚未成名前是一个穷困潦倒的穷小子，当时他身上只有 100 美元，唯一的财产是一部老旧的金龟车，而他就睡在车里。

史泰龙心中有一个理想，想要成为电影明星。好莱坞总共有 500 多家电影公司，史泰龙逐一拜访，却没有一家公司愿意录用他。面对 500 多次冷酷的拒绝，他毫不灰心，回过头又从第一家开始，挨家挨户自我推荐。第二次拜访，好莱坞 500 多家电影公司当中，总共有多少家拒绝他呢？答案是 500 多家，仍然没有人肯录用他。

史泰龙坚持自己的信念，将一千次以上的拒绝当作是绝佳经验，鼓舞自己又从第一家电影公司开始，这次他不仅要争取自己的演出机会，同时还带了自己苦心撰写的剧本。可是第三次的拜访，好莱坞所有的公司还是拒绝了他。

史泰龙总共经历了 1855 次拒绝，无数的冷嘲热讽过后，总算有一家公司愿意采用他的剧本，并聘请他担任剧本中的主角，从此奠定了他国际巨星的地位。

无论是乔丹还是史泰龙，他们都有一个特点：没有成功就绝不放弃；没有得到他们想要的结果，他们就绝不停止自己的努力。

一个企业的成功，一个员工的成长，同样需要这种对结果永不放弃的精神。只有所有的员工对结果不是想要，而是一定要的时候，企业才能得到一定要得到的结果。

要做好你的本职工作，要成为一个有执行力的员工，就必须做一个追求结果的员工。对于结果，不是想要，而是一定要，不管付出多大的努力和代价，都一定要得到。

对结果负责也是对自己负责

在销售管理中，我们会发现，越是销售做得差的销售员，抱怨和理由就是越多，成功的销售员总是对自己的结果负责，他们总是在不断地寻找成功的方法。在销售的过程中，难免会犯错。犯错不可怕，可怕的是对犯错误的恐惧。

失败的销售员是不愿承担责任的人，是没有勇气的人，是最害怕失败的人。失败的销售员总是把因果都寄托于外在的环境和别人的身上，他们永远是用打工的态度对待自己的工作。一旦受挫，他们就退缩了，就编织种种抱怨和理由来搪塞，来减轻由于失败的结果对自我的压力，而力图使自己的心理平衡。

成功的销售员与之相反，他们敢于面对挫折与可能的失败，他们百折不挠，他们积极进取，乐于学习，他们没有时间抱怨和找理由，他们心无旁骛，目光盯住的就是成交，扩大战果。他们在寻找更好的方法，他们在做自己的老板。

人与人最大的区别就在于观念的不同，观念的不同产生了不同的思维方式，也产生了不同的行为和结果。很多人想变成富人，他不是不知道该怎么做，而不敢真的那么做，总是有太多顾虑，面对未来的许多不确定因素，他不去想一万，总去想万一，越想越可怕，无数的可能性就在这种犹豫和等待中化为乌有。

一个勇于承担责任的人往往容易被别人接受，设想谁愿意跟一个文过饰非的人合作呢？优秀的销售员对结果自我负责，100% 地对自己负责。

因此，作为一个员工，一定要认识到以下三点：

首先，完成任务不等于拿到结果，完成任务只是对程序、过程负责，只有收获结果才是对价值、目的负责。进入公司，就意味着我们的人生每天要用结果来交换自己的工资，也要用结果来证明自己的价值。按时上下班不是拿工资的理由，为企业提供结果才是得到报酬的根本。因此我们所提供的结果必须对公司和他人具有明确的价值。无论干什么样的工作都需要以结果为导向，试想一下如果每个员工做事情不追求一个好的结果，而只是把它当作一个任务来完成，那么其完成后能够拿出来的，绝不是可供他人检验衡量的结果，而是影响公司前进的"拖油瓶"。因此，只有做出结果的员工才是好员工，做出完美结果的员工才是优秀的员工。

其次，我们是靠结果生存的，而不是借口。很多人都有过致富的梦想，甚至有很多的机遇，也付出过一定的努力，可他们依然很穷，那是因为他们受到挫折后没有继续付出，而是找借口或理由，于是他们为这个借口用一辈子的贫穷来补偿。试想如果一名士兵，在战场上，难道敌人会因为他一个看似合理的理由而没有向他开炮吗？不会！因此我们是靠结果生存的，而不是借口。结果就是结果，不会因为给出的理由好坏、多少而改变，在残酷的事实面前，借口会让人迈向死亡。

最后，把自己当成一个责任者，勇于承认错误，承担责任。如果一个酒店生意不好，总经理要追究责任，销售部说是因为工程部维修不及时客人经常投诉，而工程部说维修房多是客房部没有做好日常保养，客房部又说是前台房间安排不科学，服务不好，前台只能怪销售部接待的客人素质太低，对客房破坏大。每个人都可以把理由往别人身上推，每个人都能够在别人那里找到借口。如此一来，谁也不愿意，谁都有理由不承担责任，原本奉为上帝的客人最后竟成了导致生意不好的直接原因。如果每个部门都能勇于承认错误，承担责任，从自身找原因并想办法去解决，结果肯定是宾客盈门，而非处处想办法招揽生意。如果把员工比作猴子，应该是各就各位——员工勇于承担责任，而不是上蹿下跳——相互推卸责任。

有行动不一定有结果，但不行动注定不会有结果。真正做到这一点，执行力一定会有很大的变化。所以每个员工都要真正行动起来，负起责任，做出结果。因为真正要对目前执行的问题负责任的，不是别人，正是你自己。

第七章
责任面前　没有借口

没有任何借口

《没有任何借口》是一篇非常著名的文章，文章的作者是美国西点军校的一名毕业生，他在文中如此说道：

在西点，我作为新生学到的第一课，是一位高年级学员冲着我大声训导。他告诉我，不管什么时候遇到学长或军官问话，只能有四种回答："'报告长官，是'；'报告长官，不是'；'报告长官，没有任何借口'；'报告长官，我不知道'。"除此之外，不能多说一个字。

他曾问我："你为什么不把鞋擦亮？"我说："哦，鞋脏了，我没时间擦。"这样的回答得到的只能是一顿训斥。因为军官要的只是结果，而不是喋喋不休、长篇大论的辩解！

西点让我明白了这样的道理：如果你不得不带队出征，那就别找什么借口了，并在当晚给士兵的母亲写信。如果你不得不解雇公司的数千名员工，那也没什么借口，因为你本应预见到要发生的事，并提前寻找对策。

"没有任何借口"是西点军校奉行的最重要的行为准则，它强化的是每一位学员想尽办法去完成任何一项任务，而不是为没有完成任务去寻找任何借口，哪怕看似合理的借口。其目的是为了让学员学会适应压力，培养他们不达目的不罢休的毅力。它让每一个学员懂得工作中是没有任何借口的，失败是没有任何借口的，人生也没有任何借口。

"没有任何借口"看起来似乎很绝对、很不公平，但是人生并不是永远公平的。西点就是要让学员明白：无论遭遇什么样的环境，都必须学会对自己的一切行为负责！学员在校时只是年轻的军校学生，但是日后肩负的却是自己和其他人的生死存亡乃至整个国家的安全。在生死关头，你还能到哪里去找借口？最后找到了失败的借口又能如何？"没有任何借口"的训练，让西点学员养成了毫不畏惧的决心、坚强的毅力、完美的执行力以及在限定时间内把握每一分每一秒去完成任何一项任务的信心和信念。

在西点军校的学员中，有很多人都是"没有任何借口"这一理念最完美的执行者和诠释者。

1916 年，作为美国墨西哥远征军总司令潘兴将军副官的巴顿，也有过一次类似的送信的经历。巴顿将军在他的日记中写道：

"有一天，潘兴将军派我去给豪兹将军送信。但我们所了解的关于豪兹将军的情报只是说他已通过普罗维登西区牧场。天黑前我赶到了牧场，碰到第七骑兵团的骡马运输队。我要了两名士兵和三匹马，顺着这个连队的车辙前进。走了不多远，又碰到了第十骑兵团的一支侦察巡逻兵。他们告诉我们不要再往前走了，因为前面的树林里到处都是维利斯塔人。我没有听，沿着峡谷继续前进。途中遇到了费切特将军(当时是少校)指挥的第七骑兵团和一支巡逻兵。他们劝我们不要往前走了，因为峡谷里到处都是维利斯塔人。他们也不知道豪兹将军在哪里。但是我们继续前进，最后终于找到豪兹将军。"

不过，在我们的企业里面，像巴顿这样的员工并不多见，多的是找借口的人。

福特汽车的创始人亨利·福特，在制造著名的 V8 汽车时，明确指出要造一个内附 8 个汽缸的引擎，并指示手下的工程师马上着手设计。

其中有一个工程师认为，要在一个引擎中装设 8 个汽缸是根本不可能的。他对福特说："天啊，这种设计简直是天方夜谭！以我多年的经验来判断，这是绝对不可能的事。我愿意和您打赌，如果谁能设计出来，我宁愿放弃一年的薪水。"

福特先生笑着答应了他的赌约，他坚信自己的设想："尽管现在世界上还没有这种车，但无论如何，只要多搜集一些资料，并把它们的长处广泛地加以分析和改进，是完全可以设计和生产出来的。"后来，其他工程师通过对全世界范围的汽车引擎资料的搜集、整理和精心设计，结果奇迹出现了，不但成功设计出8个汽缸的引擎，而且还正式生产出来了。

那个工程师对福特先生说："我愿意履行自己的赌约，放弃一年的薪水。"此时，福特先生严肃地对他说："不用了，你可以领走你的薪水，但看来你并不适合在福特公司工作了。"

那个工程师在其他方面的表现很不错，但他却仅仅凭借自己现有的知识和经验就妄下结论，而不是去积极主动地广泛搜集相关资料，不去寻找方法，只是一味地寻找借口。

在生活和工作中，我们经常会听到这样或那样的借口。借口在我们的耳畔窃窃私语，告诉我们不能做某事或做不好某事的理由。它们好像是"理智的声音"、"合情合理的解释"，冠冕而堂皇。上班迟到了，会有"路上堵车"、"手表停了"、"今天家里事太多"等等借口；业务拓展不开、工作无业绩，会有"制度不行"、"政策不好"或"我已经尽力了"等等借口；事情做砸了有借口，任务没完成有借口。只要有心去找，借口无处不在。做不好一件事情，完不成一项任务，有成千上万条借口在那儿响应你、声援你、支持你，抱怨、推诿、迁怒、愤世嫉俗成了最好的解脱。借口就是一张敷衍别人、原谅自己的"挡箭牌"，就是一个掩饰弱点、推卸责任的"万能器"。有多少人把宝贵的时间和精力放在了如何寻找一个合适的借口上，而忘记了自己的职责和责任啊！

别为自己的失职找借口

人们往往喜欢邀功，却不愿对自己的失职承担责任。有时甚至为了逃避责任，编造出种种借口。这就是因为缺乏责任意识所造成的。

比如：如果工作中的事情不理想，那肯定是老板的问题；如果家里的事情不完美，那一定是家里其他成员的错；如果历史课得了个"D"，那肯定是因为老师不喜欢你。

在工作中，我们也经常能听到各种各样的借口：

"那个客户太挑剔了，我无法满足他。"

"我本可以早到的，如果不是下雨。"

"我没有在规定的时间里把事做完，是因为……"

"我没学过。"

"我没有足够的时间。"

"现在是休息时间，半小时后你再来电话。"

"我没有那么多精力。"

"我没办法这么做。"

我们经常会听到有人在问："这是谁的错？"即便这种话不是每天都能听到，你也会看到许多人在抵赖狡辩，或者为了推卸责任而指责别人。为了免受谴责，多数人都会选择欺骗手段，尤其是当他们是明知故犯的时候。当你明知故犯一个错误时，除了编造一个敷衍他人的借口之外，有时你会给自己找出另外一个理由。所有这一切都是因为这些人连基本的责任意识都没有。

让我们来看看他们是如何给自己编造美丽借口的吧:

1.他们做决定时根本就没有征求过我的意见,所以这个不应当是我的责任。

许多借口总是把"不"、"不是"、"没有"与"我"紧密联系在一起,其潜台词就是"这事与我无关",不愿承担责任,把本应自己承担的责任推卸给别人。

一个团队中,不应该有"我"与"别人"的区别。一个没有责任感的员工,不可能获得同事的信任和支持,也不可能获得上司的信赖和尊重。如果人人都寻找借口,无形中会提高沟通成本,削弱团队协调作战的能力。

2.这几个星期我很忙,我会尽快做。

找借口的一个直接后果就是容易让人养成拖延的坏习惯。如果细心观察,我们就会很容易发现在每个公司里都存在着这样的员工:他们每天看起来忙忙碌碌,似乎是尽职尽责了,但他们把本应1个小时完成的工作变得需要半天的时间甚至更多。因为工作对于他们而言,只是一个接一个的任务,他们寻找各种各样的借口,拖延逃避。这样的员工会让一个管理者头痛不已。

3.我们以前从没那么做过,或这不是我们这里的做事方式。

寻找借口的人都是因循守旧的人,他们缺乏一种创新精神和自动自发工作的能力,因此,期许他们在工作中做出创造性的成绩是徒劳的。借口会让他们躺在以前的经验、规则和思维惯性上舒服地睡大觉。

4.我从没受过适当的培训来干这项工作。

这其实是为自己的能力或经验不足而造成的失误寻找借口,这样做显然是非常不明智的。借口只能让人逃避一时,却不可能让人如意一世。没有谁天生就能力非凡,正确的态度是正视现实,以一种积极的心态去努力学习,不断进取。

5.我们从没想过要赶上竞争对手,在许多方面人家超出我们一大截。

避免或逃脱责罚是人类的一种强烈本能。多数人在"有利"与"不利"两种形势的抉择中都会选择趋吉避凶。通过各种"免罪"行为,人们可以暂时逃脱责罚,保持良好的自身形象。但如果你只愿意接受表扬而不愿承担责任,那么你永远也别指望改正错误的东西。

如果那些一天到晚总想着如何欺瞒的人，肯将一半的精力和创意用到正途上，他们一定可以在任何事情上取得卓越的成就。如果你善于寻找借口，那么试着将找借口的创造力用于寻找解决问题的方法，情形也许会大为不同。

所有寻找借口的人，根本的问题就是他们缺乏责任意识，他们不知道自己应该负什么样的责任，或者认为找一个借口就可以与责任脱离干系。这样的想法既危险又可笑，就像一个罪犯，他不断地逃，当有一天，他无处可逃的时候，等待他的就是法律的审判。所以，当我们不断地找借口推卸责任的时候，我们有没有想过，一旦当我们想推卸都无法推卸的时候，我们该怎么办？

因此，在任何时候，我们都必须强化自己的责任意识，绝对不能找借口，借此推卸自己的责任。因为，这才是对自己真正负责任，也是对他人负责任。

那些实现自己的目标、取得成功的人，并非有超凡的能力，而是有超凡的心态，他们时刻都有一种责任意识。他们遇到问题总是积极寻找解决的方法，而不是一遭遇困境就退避三舍，寻找借口。　人们必须停止把问题归咎于他人和自己周围的环境，应当勇于承担自己的责任。一旦自己作出选择，就必须尽最大的努力把事情做好，一切后果由自己承担，绝不找借口，不推卸责任。

借口是失败的根源

借口是制造失败的根源。一个人越是成功，越不会找借口。百分之九十九的失败都是因为人们习惯于找借口。

我们不妨来看看洛克菲勒写给儿子的一封信：

亲爱的约翰：

斯科菲尔德船长又输了。他输得有些气急败坏，一怒之下把他那根漂亮的高尔夫球杆扔上了天，结果他只得再买一个新球杆了。

坦率地说，我比较喜欢船长的性格，人生奋斗的目标就是求胜，打球也是一样。所以，我准备买个新球杆送给他，但愿这不会被他认为是对他发脾气的奖赏，否则他一发而不可收拾，我可就惨了。

斯科菲尔德船长还有一个令人称道的优点：尽管输球会令他不高兴，但他认为赢本身并不代表一切，而努力去赢的做法才是最重要的。所以在输球之后，他从不找借口。事实上，他可以以年龄太大、体力欠佳来解释他输球的理由，为自己讨回颜面，但他从不这样做。

在我看来，借口是一种思想病，而染有这种严重病症的人，无一例外都是失败者。当然一般人也有一些轻微症状。但是一个人越是成功，越不会找借口，处处亨通的人，与那些没有什么作为的人之间最大的差异，就在于借口。

只要稍加留意你就会发现，那些没有任何作为，也不曾计划要有番作为的人，经常会有一箩筐的理由来解释：为什么他没有做到？为什么他不做？为什么他不能做？为什么他不是那样做的？失败者为自己处理"后事"的第一个举动，就是为自己的失败找出各种理由。

我鄙视那些善于找借口的人，因为那是懦弱者的行为。我也同情那些善于找借口的人，因为借口是制造失败的病源。

一旦一个失败者找出一种"好"的借口，他就会抓住不放，然后总是拿这个借口对他自己和他人解释：为什么他无法再做下去，为什么他无法成功。起初，他还能自知他的借口多少是在撒谎，但是在不断重复使用后，他就会越来越相信那完全是真的，这个借口就是他无法成功的真正原因。结果他的大脑就开始怠惰、僵化，努力让想方设法要赢的动力化为零，但他们从不愿意承认自己是个爱找借口的人。

偶尔，我见有人站起来说："我是靠自己的努力而成功的。"到目前为止，我还未见过任何男人或女人，敢于站起来说："我是使自己失败的人。"失败者都有一套自己失败的借口，他们将失败归咎于家庭、性格、年龄、环境、时间、肤色、宗教信仰、某个人乃至星象，而最坏的借口莫过于健康、才智以及运气。

最常见的借口，就是健康的借口，一句"我的身体不好"或"我有这样那样的病痛"，就成了不去做或失败的理由。事实上，没有一个人是完全健康的，每个人多少都会有生理上的毛病。

很多人会完全或部分屈服于这种借口，但是一心要成功的人则不然。盖茨先生曾为史密斯引荐过一位大学教授，他在一次旅行中不幸失去了一条手臂，但就像史密斯认识的每一个乐观者一样，他还是经常微笑，经常帮助别人。那天在谈及他的残障问题时，他告诉史密斯："那只是一条手臂而已。当然，两条总比一条好，但是切除的只是我的手臂，我的心灵还是百分之百地完整与正常。我实在是要为此感谢。"

有一句老话说得好："我一直在为自己的破鞋子懊恼，直到我遇见一位没有脚的人。"庆幸自己的健康远比抱怨哪里不舒服要好得多。为自己拥有的健康感谢，能有效地预防各种病痛与疾病。我经常提醒自己：累坏自己总比放着朽坏要好。生命是要我们来享受的，如果浪费光阴去担忧自己的健康而真的想出病来，那才是真正的不幸。

"我不够聪明"的借口也很常见，几乎有百分之九十五的人都有这种毛病，只是说法不同而已。这种借口与众不同，它通常默不作声。人们不会公开承认自己缺少足够的聪明才智，多半是自己内心深处这么想。

我发现大多数人对"才智"有两种基本的错误态度：太低估自己的脑力和太高估别人的脑力。因为这些错误，使许多人轻视自己。他们不愿面对挑战，因为那需要相当的才智。认为自己愚蠢的人才是真正愚蠢的人，他们应该知道，如果一个人根本不考虑才智的问题，而勇于一试，就能够胜任。

我认为真正重要的，不在于你有多少聪明才智，而是如何使用你已经拥有的聪明才智。要成为一个好的商人，不需要有闪电般的灵敏，不需要有非常惊人的记忆，也不需要在学校名列前茅，唯一的关键，就是对经商要有强烈的兴趣和热心。兴趣和热心是决定成败的重要因素。

事情的结果往往与我们的热心程度成正比。热心能使事情变好一百倍一千倍。很多人并不知道什么叫热心，所谓热心就是"这是很了不起"的那种热情和干劲而已。

我相信才智平平的人，如果有乐观、积极与合作的处世态度，将会比一个才智杰出却悲观、消极与不合作的人，赚得更多的金钱，赢得更多的尊敬，并获致更大的成功。一个人不论他面对的是烦琐的小事、艰巨的任务还是重要的计划，只要他热忱地去完成，成果会远胜于聪颖但是懒散的人。因为，专注与执著占了一个人能力的百分之九十五。

有些人总在感叹为什么很多非常出色的人物会失败呢？我可以永远不再让他们叹息。如果一个绝顶聪明的人总在用他们惊人的脑力，去证明事情为什么无法成功，而不是用于引导自己的心力去寻找迈向成功的各种方法，失败的命运就会找上他们。消极的思想牵引他们的智力，使他们无法施展身手而一事无成。如果他们能改变心态，相信他们会做出许多伟大的事情。

想成大事却不懂得思考的大脑，也就是一桶廉价的糨糊而已。

引导我们发挥聪明才智的思考方式，远比我们才智的高低重要。哪怕学历再高也无法改变这项基本的成功法则。天生的才智和教育程度不是业绩好坏的原因，重要的是思想管理。那些成功的商人从不杞人忧天，而是富有热忱。要改善天赋的素质绝非易事，但改善运用天赋的方法却很容易。

很多人都迷信所谓的知识就是力量。在我看来这句话只说对了一半。拿才智不足当借口的人，也就是错解了这句话的意义。知识只是一种潜在的力量，只有将知识付诸应用，而且是建设性地应用，才会显出它的威力。

在标准石油公司永远没有活字典式的人物的位置，因为公司不需要只会记忆、不会思考的"专家"。公司要的人是真正能够解决问题，能想出各种点子的人，是有梦想而且勇于实现梦想的人。有创意的人能为公司赚钱，只能记忆资料的人则不能。

一个不以才智为借口的人，绝不低估自己的才智，也不高估别人的才智。他专注运用自己的资产，发扬他拥有的优异才能。他知道真正重要的不在于他有多少才智，而在于他如何使用现有的才智和善用自己的脑力。他会常常提醒自己我的心态比我的才智重要。他有"我一定赢"的强烈渴望。他知道要运用自己的才智积极创造，用才智寻找成功的方法，而不是用来证明自己会失败。他还知道思考力比记忆力更有价值。他要用自己的头脑来创造、发展新观念，寻找更好的做事新方法，随时提醒自己：我是正在用我的心智创造历史呢，或只是在记录别人创造的历史？

每一件事的发生必有原因，人类的遭遇也不可能碰巧发生。所以，有很多人总会把自己的失败怪罪于运气太坏，看到别人成功时，就认为那是因为他们运气太好。我从不相信什么运气好坏，除非我认为精心筹备的计划和行动叫"运气"。

如果由运气决定谁该做什么，每一种生意都会瓦解。假如标准石油公司要根据运气来彻底进行改组，就要将公司所有职员的名字放入一个大桶里，第一个被抽出的名字就是总裁，第二个是副总裁，就这样排列下去。很可笑吧？但这就是运气的功能。

我从不相信运气，我相信因果定律。看看那些似是好运当头的人，你会发现并不是运气使然，而是准备、计划和积极的思想为他们带来美景。再看看那些"运气不好"的人，你会发现背后都有明确的成因。成功者能面对挫折，从失败中学习，再创契机。平庸者往往就此灰心丧气。

　　一个人不可能靠运气而成功，而是要付出努力的代价。我不妄想靠运气获得胜利等生命中的美好事物，运气本身并不能给我这些美好的事物，所以我集中全力去发展自我，修炼出使自己变成"赢家"的各种特质。

　　借口把绝大多数的人挡在了成功的大门之外，百分之九十九的失败都是因为人们总在为过失找借口敷衍的习惯。

不找借口，只找方法

　　无论是在工作还是在生活当中，最重要的一条法则就是：不找借口，只找方法。好方法是成功的捷径，而借口则是成功路上的高山险阻。要想成为一个成功者，就不要为自己的失败百般寻找借口，而要坚持不懈地寻找方法。

　　有这样一个小故事：

　　尼克·史蒂文森小时候不爱学习，考试常常得C。每次考完试，尼克总是找各种理由为自己开脱，不是题太难，就是自己身体不适，或者老师判分有问题等。

　　有一天，当尼克再次为自己考得不好找借口时，母亲毫不客气地打断了他："别再为自己找借口了。你考得不好，是因为你不认真学习，也不善于总结方法。如果你用心学习，你就不会也不用找借口了。"

　　这些话给了尼克极大的震动。从此以后，尼克再也不为自己的差成绩找借口，而是努力从自身找原因，并寻找适合自己的学习方法。尼克不仅据此获得了优异的成绩，更是把"不找借口找方法"贯彻到自己的职业生涯中，最终跻身成功者之列。

　　我们很多人都像小时候的尼克一样，总是为自己寻找各种各样的托词。似乎失败只是客观条件造成的，而与我们自己毫不相干。这是极其不负责任的态度。试想一下，你自己是否已经尽了全力？你是否克服了不利条件而坚持到底？你是否寻找到最为便捷的方法等。如果你失败了就好好反省一下，不要找借口，那不仅没有任何意义，反而会使你离成功越来越远。

在公司里面，最不受欢迎的就是不找方法找借口的员工。如果你是老板，你布置了一项任务给员工，员工不仅没有完成任务，反倒为自己找一大堆借口，你会如何反应呢？

任何工作首先要求的就是认真负责的态度，找借口就是一种逃避责任的表现。错了就错了，勇敢承担起来，从自身找原因，提醒自己下次不要再犯。如果你总是为失败找借口，那你永远都不会成功。成功属于那些善于找方法的人，而不是善于找借口的人。

只有主动寻找方法，你才能尽快解决问题，你才能迈向成功。好的方法能让你事半功倍，而一味蛮干只会极大地浪费人力、物力和财力。

我们经常可以看到这样的现象：两个员工做性质相同的工作，一个加班加点、身心疲惫仍然做得不好，而另一个则轻轻松松地完成任务并得到上司的赏识。因为在这里，方法起了决定性作用。只有方法对了，你才能省时省力地完成任务。好的方法往往能让你脱颖而出，为你争取到更大的发展空间。不要抱怨自己运气不好，你应该清楚，绝大部分的机会都是你自己争取来的。一个绝妙的方法就是开启机会大门的钥匙，这可能成为你一生之中的转折点。

即使不考虑那么长远，面对具体问题，我们依然要善于找方法。问题不会自动消失，方法找对了，你才能成功解决它。否则，问题依然还是问题，你怎么都无法越过这座高山而前进。千万不要坐以待毙，一定要尝试多种方法去解决问题和危机。

也许很多人都知道方法的重要性，但并不是每个人都能找到好方法。方法不是现成的，也不是你等来的，它往往需要你绞尽脑汁地去思考、琢磨，反复试验。看到别人使用的好方法，你常常会有这样的感慨：我怎么就想不到呢？其实，不是你想不到，而是你的工夫没下到。

要找到一种好方法，首先你得对问题分析透彻，然后才能对症下药。你必须找出问题的关键点来，而不能去误打误撞，因为那样的话成功的概率很小。很多问题是纷繁复杂、环环相扣的，你要能追根溯源，找出问题的症结所在，然后再想办法从根本上加以解决。如果你对问题到底是什么都不清楚，你又怎能找到解决问题的方法呢?

方法是无穷无尽的,只要你能想得出来又能起到良好效果,都可以称之为方法。一种方法可以解决不同的问题,一个问题也可以用不同的方法去解决。很多时候不是没有方法,而是没有一种最好的方法。所以,你还要善于开拓创新,用行之有效的新方法来解决问题。

要找到一种好方法,思维的转换非常重要。你不能仅仅从一个角度去分析问题,那样只会把问题看死,你的思路也会走进死胡同。你可以逆向思维,也可以把问题转换一个方式。

你的眼界一定要开阔,要能从方方面面去思考解决问题的方法。你要常常问自己:"我是不是只能这样看这样想?还有没有其他的方式?"不要觉得自己只有一两条路可走,你一定还有能力去发掘第三条道路,而成功往往就蕴涵在其中。

要找到一种好方法,你还必须善于学习。你应当掌握一些基本的知识,比如系统知识、逻辑知识、统筹方法等。不要看轻这些知识积累,它们往往能在关键时刻发挥重要作用。好方法的灵感来自平日的知识积累,它从来不会凭空产生。

你可以从类似事件的成功处理中汲取经验,你也可以把你知道的所有好方法加以罗列,然后再精细地分析比较,大胆地尝试探索,从而选定一种最经济的方法。

如果你有什么新颖的想法,你一定要勇于去试验它,不管它看起来多么不切实际。不把方法运用到实践中去,你永远都不知道这个方法是有效还是无效。你要相信自己,既然你能想出来,就有其一定的道理。也许你再把它加以完善,它就是一个绝好的方法。

俗话说,一把钥匙开一把锁。好的方法是解决问题的关键。与其费心思为自己的失败找各种借口,不如花时间为自己找一个解决问题的好方法。要做一个为成功找方法的人,而不是为失败找借口的人。

职场容不得半点不负责

　　责任是不分大小的，一丁点的不负责任，就可能造成无可挽回的恶果。任何人在工作中的一点疏忽，都有可能导致整个企业蒙受巨大损失。

　　某广告公司的员工就犯过这样的一个错误，在为客户制作的宣传广告中，由于粗心大意以至于将客户联系电话中的一个数字弄错了。当他们把制作的宣传单交给客户时，客户由于时间紧，第二天就要在产品的新闻发布会上使用它，所以没有仔细审核就接收了。直到新闻发布会结束后，在整理剩下的宣传单时，才发现关键的联系电话有错误，而此时这样的宣传单已发放了5000多份了。

　　客户一怒之下，向广告公司要求巨额赔偿。由于错在己方，再加上客户召开新闻发布会的费用的确巨大，无奈之下，广告公司只好按照客户的要求进行了赔偿。然而，事情并没有就此结束，这件事情传开后，广告公司便在客户中失去了信誉，渐渐没有生意可做了，因为没有人再敢把自己的业务交给他们去做，害怕再出差错给自己带来麻烦和造成损失。

　　这样一次看似小小的失误，就把一家本来极有前途的广告公司击垮了。我们不妨设想一下，假如广告公司的员工在工作时能更认真负责点，把工作做好，那么，这样的结果是完全可以避免的。

　　现代企业之间的竞争越来越激烈，员工的任何马虎都可能使整个企业蒙受巨大的损失。所以，现代企业的领导者都非常注重对员工责任感的培养，有较强责任感的员工不仅能够得到领导者的信任，而且也为自己事业的成功奠定了坚实的基础。

有一位刚刚从美国读完MBA回国的男青年，由于自身条件优越，他毫不费力地进了一家外资企业的上海办事处，然而，在工作中，老板却总把一些鸡毛蒜皮的事情交给他做，对此，他非常不满意。不久，在公司的一次计划书的招标会上，他认为自己干大事的机会到了，于是便急急忙忙把自己准备的材料交了上去，满以为可以博得老板的赏识。然而，没想到几天后他却收到了公司人事处的解聘通知书。原来，他因为不在乎那些鸡毛蒜皮的事情，做事情总是马马虎虎、草草了事，以至于在计划书中把"进口"误写成了"出口"。所以，只有负起责任，才能做好一切，因为职场中容不得半点不负责。

试想，一个在责任感方面很欠缺的员工又怎么能给顾客提供优质的服务，又怎么能给企业树立良好的形象呢？企业里一个人缺乏责任感，那么它所影响的不只是他自己，而是整个企业，这就是为什么很多企业要把责任融入员工的日常生活中的原因。如果一个员工没有意识到责任对于他乃至整个企业的重要性，那么他就已经丧失了在这个企业工作的资格，因为员工的不负责任将会使企业的形象蒙受损失。

大家都知道在数学上，"100-1"等于99，而在责任上，"100-1"却等于0。一个员工的不负责任，就会让顾客对这家企业产生怀疑。这也就意味着一个员工的不负责任会影响到企业在顾客中的整体印象。这就是在责任上"100-1=0"的原则。

第八章
承担责任 走向卓越

拒绝承担责任是工作中的通病

马克思说："没有无权利的责任，也没有无责任的权利。"就是说权利和责任密不可分，它们是同一事物的两个方面，同时并存，如影随形，缺一不可。一个员工在企业中享有了各种权利，如获得经济收入、利用办公条件和学习成长环境等，自然，他或她就要承担相应的责任，完成相应的任务。这是毋庸置疑的。尤其在完成任务的过程中，如遇到意外的因素、工作遇到难题甚至出现失误，这种情况下更需要我们勇于承担应有的责任。

在日常工作中，每个人都难免出现失误，但是，当问题发生后，只知道一味地怪罪别人，就是不负责任的表现。

你可能也是这样做的，当上司指责你工作中的错误时，你会马上找出许多借口为自己辩解，并且说得振振有词，头头是道："别人不采纳我的意见"，"我是按照公司的要求做的"等等，你以为这些借口能为自己的错误开脱，能把责任推得一干二净，但事实上并非如此。也可能上司会原谅你一次，但他心中一定会感到不快，并对你产生"怕负责任"的不良印象。你这样做不但无法改善现状，所产生的负面影响还会让情况恶化。如果以后出现问题，你还是能推就推，能躲就躲，令上司无法信赖，那么你的前途就岌岌可危了，可能离另谋高就的日子不会太远了。

英国大都会总裁谢巴尔德在位时有一句名言："要么奉献，要么滚蛋。"他强调："在其位，谋其政，不要找任何借口说自己不能够、办不到。"他要求他的下属在他面前不能因干不好工作而找理由推脱责任。一次，一个员工为了一件极难办的事找他，说自己尽力了，并说出许多客观理由，最后说无论怎样，这件事都"办不到"。谢巴尔德听后觉得这个下属就是怕得罪人，怕牺牲自己的利益，于是就轻声对他说："够了够了，现在我需要的不是这些好理由，而是要你仍旧照我的命令去做，否则，你就别做这个部门的经理。"

谢巴尔德的做法很正确，他就是要让下属明白，对于自己应该承担的责任就该负责，而不能随便找个理由推托，这样才是一个称职的员工。

固然，每个人都不希望在工作中出现失误，但是"人非圣贤，孰能无过"？人不可能不犯错误。如果在有错误发生时，其中部分是因自己而起，就应该努力承担，并弥补错误，这样可以给人一种负责任的印象，有利于建立良好的人际关系，反之则会破坏与同事和上司的关系，使自己的工作陷入无助的境地。

一个人对待错误的态度可以直接反映出他的敬业精神和道德品行，是自己的责任就要一肩挑，一定不能推托，否则就会失去老板对你的信赖，看低你的道德品行，老板如果这样看待你，就不会再对你委以重任。

要想赢得别人的信任，成为一个敢于负责任的人，就必须改掉推脱责任的坏习惯。犯了错误有什么理由要解释时，你自己首先要反省，我的理由是不是客观事实，真实可信？是不是只是想用来掩饰自己的错误？然后回头看看自己的行为，如果自己确实有错误的地方，就应该勇敢地承担责任，诚恳地承认错误，并且要改正自己的行为，积极地寻求补救的办法。

这种对自己的严格检查，可能刚开始时有些困难，但是你要相信，只有勇于承担责任的人，才有可能成就大事业。

任何人都会犯错误，可怕的并不是犯错误，而是犯同样的错误。赫拉克利特曾经说过："人不能两次踏进同一条河流。"人也不应该犯同样的错误。如果你不幸犯了错误的话，必须找出为什么会犯这个错误的原因，如果你能找到问题的根源，就能够真正改善你目前生活的质量，从而大大提高成功的几率。鲁迅先生就是一个勇于自我解剖，严于律己，不断修正自己，追求进步的典型榜样。

还有一点值得注意，如果错误确实不是由于自己的过失造成的，那你也不要急于替自己辩解，而应着眼于整个公司的利益，等事情得到妥善处理后，事情的真相自然会浮出水面。如果你确实被误会了，你的上司也自然会在事实中看到，最终还你一个清白。

聪明的员工，要勇于承担起自己职责范围内的责任，积极地寻找并把握谋求公司利益的机会。也只有这种员工，才是老板心目中值得栽培的人才。

事实上，从另一个角度看，正是责任体现了一个人的价值，正是承担责任才使一个人不断获得成长与发展。正如一艘船或一辆车，如果它们不能装载货物或运送乘客，那它们还有什么实用价值？一个人要想有所成就，就要勇担责任；责任越大，人的能耐就越大，成就也越大！

环顾周围，你会发现：越是成功的人，越是勇于主动承担责任，而且承担的责任也更大。显然，优秀员工比一般员工更勇于承担责任，出色的主管比平庸的主管更勇于承担责任，经理、总裁等更高级别情况也是如此。

因此，作为一个人，如果你想改变自己当前不甚如意的处境，想提高自己在公司的职位和薪酬，那么，你就要自觉自愿地承担应该承担的甚至是更大更多的责任，竭尽全力地发挥和释放自己的潜力，用成就、业绩与事实说话，从而得到上司的赏识，同时达到自己的预期目标。

可以说，正是责任成就了我们每一个人！正是责任使我们变得更坚强、更成熟、更智慧、更成功！责任就像大气压力一样，有了大气压力，我们人的躯体才能正常健康成长；而如果没有大气压力，我们的躯体就会不可避免地急剧膨胀爆裂，我们也就一命呜呼了。因此，我们应该感谢责任，拥抱责任，勇于和乐于承担责任。

敢于承认错误，担负责任

乔治·华盛顿是美国人心目中的英雄。他领导了美国的独立战争，是美利坚合众国的创立者之一，1789 年当选为美国第一任总统。他为人正直、品德高尚，深受美国人民爱戴。为了纪念他的功绩，美国的首都以他的名字命名。

华盛顿出生在一个大庄园主家庭，家中有许多果园。果园里长满了果树，但其中夹着一些杂树。这些杂树不结果实，影响着其他果树的生长。一天，父亲递给华盛顿一把斧头，要他把影响果树生长的杂树砍掉，并再三叮嘱，一定要注意安全，不要砍着自己的脚，也不要砍伤正在结果的果树。在果园里，华盛顿挥动斧子，不停地砍着。突然，他一不留神，砍倒了一棵樱桃树。他害怕父亲知道了会责怪他，便把砍断的树堆在一块儿，将樱桃树盖起来。

傍晚，父亲来到果园，看到了地上的樱桃，就猜到是华盛顿不小心把果树砍断了。尽管如此，他却装作不知道的样子，看着华盛顿堆起来的树说："你真能干，一个下午不但砍了这么多树，还把砍断的杂树都堆在了一块儿。"听了父亲的夸奖，华盛顿的脸一下子红了。他惭愧地对父亲说："爸爸，对不起，只怪我粗心，不小心砍倒了一棵樱桃树。我把树堆起来是为了不让您发现我砍断了樱桃树。我欺骗了您，请您责备我吧！"

父亲听了之后，哈哈大笑，高兴地说："好孩子！虽然你砍掉了樱桃树，应该受到批评，但是你勇敢地承认了自己的错误，没有说谎或找借口，为此我原谅你。你知道吗？我宁可损失掉一千棵樱桃树，也不愿意你说谎逃避责任！"华盛顿不解地问："承认错误真的那么珍贵吗，能和一千棵樱桃树相比？"

父亲耐心地说："敢于承认错误是一个人最起码的品德。只有敢于承担责任的人才能在社会上立足，才能取得别人的信任。看到你今天的表现，我就放心了。以后把庄园交给你，你肯定会经营好的。"

本着父亲的教导，华盛顿一生都把勇于承担责任作为人生的基本信条。后来，这个故事传遍了整个美国，也影响了一代又一代的美国人。责任已经成为描述美国人一个不可或缺的词汇。

笔者曾经问过上百个企业家和经理人："是否真的有一些人比别人更敢于承担个人责任，这些人是否真的比别人更有可能成功？"答案非常清楚："是的！"事实上，你会发现那些成功者都具有这种优良的品质。每一个人在一生中都会或多或少、或轻或重地犯错误、做错事情。从某种意义上说，错误是不可避免的。但是，责任意识会改变一个人面对错误的态度，它会让你能够勇敢地承认自己的错误，承担应负的责任。其实，承认错误、担负责任是每个人都应尽的义务，任何不愿破坏自己名誉、不愿最终破产的人，都必须认真地正确对待错误及担负起责任。这也是每个人都应具备的最起码的品德。

承认错误，担负责任是需要勇气的。这种勇气根源于人们的正义感——人类的自爱，这种自爱之情是一切善良和仁慈之根本。人类的全部活动都受制于人们的道德良心。它使人们行为端正、思想高尚、信仰正确、生活美好。在良心的强烈影响下，一个人崇高而正直的品德才能发扬光大。我们应将承认错误、担负责任植根于内心，让它成为我们脑海中一种强烈的意识。在日常的生活和工作中，这种意识会让我们表现得更加出类拔萃。很多人犯错误的时候往往会找各式各样的借口，试图逃避自己应承担的责任，试图安慰自己内心的愧疚。如果你如愿做到了，那么你很可能会第二次犯同样的错误并能够再次找到"更好的"借口。老板能够信任并提拔这样的员工吗？当然不！我们应在一开始的时候就将寻求借口的路堵死，勇敢地面对错误，承担责任。这样你才会吸取教训，从失败中学习和成长。即便你的老板不是一个优秀的管理者，他也会明白：一个敢于承认错误、勇于承担责任的人是值得信赖和重用的。

让我们勇敢地面对错误吧，这样做会让你更加优秀！

承担自身的领导责任

著名培训师余世维曾说，职业经理人最常犯的错误就是拒绝承担个人责任。作为一名有效的管理者，应该为事情的结果负责。他在演讲中常说：

在企业中往往认错就代表着牺牲。作为一名领导者，应该先学习如何认错，对事情的结果负责。其实，不能由于认错而指责某人，也不应该由于认错而要其负起过失的责任，把矛头指向他。多数情况下认错有助于事情的解决。

他举例说：小孩儿不小心撞到桌子上，大哭。中国妈妈和日本妈妈对这件事情的态度是不同的：

中国妈妈往往第一个动作是打桌子，当然这是哄小孩儿的一种方法，可是在无形之中告诉孩子，责任在别人。

日本妈妈把孩子带到桌子旁边说："来，再走一次。一个人跑步会撞到桌子有三个原因：第一个是小孩儿跑步的速度太快，躲闪不及；第二个是小孩儿的眼睛没有注意前方；第三个是小孩儿心里面不知道在想什么，你是哪一种呢？"

从上面的小故事可以看出，日本人非常注意对孩子责任心的培养。桌子是没有生命的，不能把撞到桌子的责任归咎于桌子，推卸责任是不可取的。

我们来看看现实中的另一个案例吧：

小吴曾是某跨国公司的职业经理人，负责南大区的运作，但总感觉有"玻璃天花板"，才能没法充分发挥。这时他正好结识了民营企业家张先生，后来，他被重金聘为销售部经理。谁知刚上任三个月，销售代表小李就被客户投诉了这事让张总很是恼火，于是他亲自到销售部质问小吴。

"你手下的销售代表被投诉了你不知道？"

"我也知道了这件事。"吴经理辩解道，"按照流程，小李是把单据报到我的助理那儿。她审查并整理好后，再给我签字。我的工作也多，可能当时没看清楚。"

"是没有看清楚那么简单吗，你的工作比我还多？"张总怀疑地看着吴经理。

由于小吴到公司的时间不久，与销售部的关系还没有理顺，甚至在某些情况下，他还得顺着助理的意思签署一些文件。张总前去质问的意思，其实并非要处理哪一个人，只是希望不要再出现类似的问题了。可小吴却还在嗫嚅着解释原因。

"是我工作的疏忽，回头我会和助理商量改进工作流程，并要求公司处理她，也请处理我。"

"处理助理能补回公司的损失吗？这件事应该负全责的是你！"张总对吴经理这种模糊的态度很气愤。

很明显吴经理做错了也说错了。在张总眼中，吴经理是代表销售部的，只要是销售部出了问题，无论责任是大是小，都和他有关系。所以一旦出了问题，吴经理要首先认错，而不是一味推托，更不能拿自己的助理垫背，这种缺乏责任意识的举动只会让老板愤怒。公司的经理都不愿意承担责任，怎么能管理员工，员工怎么能服从他呢？

老板知道出了问题，惩罚当事人不是唯一办法，关键是不让问题发生。有人主动承担责任了，大家才好尽快静下心来，寻找解决问题的办法。否则人人自危，怎么会有心思去想解决的办法呢？反过来，一旦经理把责任扛下来了，下属就可能和经理一起想出解决问题的根本办法，才可能跳出来承担属于自己的责任。因为这时比较"安全"，不会一个人"死"。

所以无论从老板的角度，还是从下属的角度，经理都要首先跳出来承担责任。而承担了责任的经理会得到上司的重视，也得到下属的拥戴，这样反而更"安全"。所以，当听到吴经理不但不敢承认错误，还在抱怨助理办事不力时，老板当然要火冒三丈了。

"我过来是想了解一下事情的原因，并不是要处理你的，"张总说道，"不过现在得考虑一下你的能力问题了。"

与其强调客观不如从自身入手，凡事多检讨自己，努力负起自己的责任，无论是在工作还是生活中，这都是一种必不可少的素质。

解决问题，而不是责怪他人

一位作家说：我们绝不可以把自己制造出来的事情的责任推给他人，埋怨他人；我们应该知道——如果有错，错在我们自己。

在国外，有这样一句俗语：无能的水手责怪风向，无能的工匠责怪工具。在我们的工作中，我们是不是也常常这样责怪你的上司、你的同事、你的下属，责怪合作方等？

责怪他人是人的天性，但是，这一天性却对我们有害无益。而一个有责任意识的人，他总是专注于解决问题，而非忙着责怪他人。

让我们来看这个故事：

一名总监生气地问道："这件事是由谁负责的？"这个问题使一家化学公司的会议室笼罩着一团乌云。这家公司刚失去一个大客户，而抢走这位客户的人是这名总监的前任雇主。他对这件事感到十分气愤。在场的经理都显得坐立不安，而这位总监继续说："我要找出搞砸这件事的人，等我找到这个人，我会让他很难堪。"当这群经理离开会议室时，有人说："我想我们今天晚上都要去准备履历表了。"

这位总监急欲找出使公司丧失大客户的罪魁祸首，然后把过错完全推到他们身上，但这么做只会适得其反，因为他的部属在接下来的几天，只会忙着互相推卸责任，而不会去想办法找回这位客户。如果这位总监将失败当作学习经验，并趁此机会找出公司需要改善的地方，那么他们有可能从失败中学到一些教训。

几年前，我曾在一家小型的制造公司担任销售经理一职。当时有一家客户不肯付账，而我根据侧面消息得知这家公司即将向法院申请倒闭。在与几个经理讨论过后，我决定在这家公司宣布倒闭前，先向他们讨回一些我们的货物。这家客户的一名员工负责管理仓库，他同意将他们老板没有付钱的货物还给我们，而且由于他本来就要辞职了，所以愿意帮助我们。

每件事都按照我们的计划进行，我们从仓库搬回价值45000美元的货物。当时我很庆幸能为公司减少这么多的损失，但不幸的是，我不知道这些货物已经被这家客户抵押给银行，因此我们不但要把这些货品还回去，而且要负担因此事而起的官司诉讼费。

我还记得当我将这件事告诉老板的前一晚，我已写好履历表，准备卷铺盖走人，但出乎我意料之外的是，当天老板什么话都没有说，而且当我告诉他公司可能遭受的损失时，他连眼皮都没有眨一下。

当我报告完毕之后，老板看着我说："好了，这件事就到此为止，现在去做些能让公司赚钱的事。"他的话对我产生很大的冲击，使我在接下来的六个月为公司付出最大的努力，结果这家公司在当年创下历年来最高的营业额和利润。这位老板的策略很简单，那就是责怪部属毫无益处，与其把焦点放在公司损失了多少钱，不如把注意力放在建立信心和赢得未来上。

不责怪做错事的人是很困难的一件事，但成熟且有远见的人会以解决问题为重。指责本身所造成的伤害远比问题本身的伤害大，因为责备会使人士气低落，有百害而无一利。下面列举的就是责备可能造成的负面影响：

责备而不肯定会造成打击。

责备而不修复会造成伤害。

责备而不解决会造成复杂。

责备而不团结会造成分裂。

责备而不微笑会造成不悦。

责备而不原谅会造成拒绝。

责备而不建设会造成破坏。

让我们看看这个故事吧：

加拿大有位工程师叫迪利斯通，他发现他的秘书常常把口授的信件拼错字，几乎每一页都要错上两三个字。他并没有严厉地斥责秘书，而是再一次发现秘书拼错时，坐在打字机边对她说："这字看起来似乎不像，也是我常拼错的几个字之一，幸好我随身带着拼写簿（打开拼写本，翻到所要的那页）。哦，就在这里。我现在对拼写十分注意，因为别人常常以此来评判我们。"他并没有直接指出秘书的错误，但他委婉的话语却向秘书暗示着什么。后来迪利斯通又记起那件事，说："我不知道后来她是否采用了我的方法。但很显然，自那次谈话之后，她很少再拼错字了。"

在他人做错事的时候，要尽可能站在对方的立场，从他的角度去看待问题并采取适当的方法指出对方的错误，让其保持个人的尊严，给他一种自尊感。这样他会与你保持良好的关系，而不是背叛。

勇于承担责任，才能承担更大的责任

在现实生活中，我们随时随地都可以感受到责任的存在，但却很少看到有人主动去承担。相反，听到最多的却是"这不是我的错"，"它本来就是这个样子的，我也无能为力"，"我家里有事，所以……"诸如此类的辞令。当然趋利避害是由人的本性所决定的，可以理解，但更可恶的是有些人不仅不承担本应由自己承担的责任，还将它推给别人，要别人对自己的责任负责，"这是他做的"，"我当时就提醒他了"，"他说是要这样做的"，在责任面前永远都是"他"。

其实，在责任面前任何狡辩都是徒劳，因为问题出来了就必须有人承担责任，即使你花言巧语，可以一时蒙蔽别人的眼睛，而使自己侥幸地逃脱。可是真相永远都是要浮出水面的，那时，恐怕连后悔的机会都没有了。我想你肯定有过被误解的经历，那种感觉是怎样的，你我都很清楚。况且让别人来为你的过失承担责任，你于心何忍？看到别人无辜地承受着本应属于你的煎熬，你的良心何在？当真相最终摆在面前的时候，你颜面何存？面对千夫所指，你的尊严又何在？这时你所承受的责任可就不仅仅是过失，更多的是逃避。那么为什么一开始你就不给自己一个改过自新的机会呢？爽快地告诉大家"我错了，我对此事负责"，可能一时你会被错误压得喘不过气来，但是你无须抱怨，因为那是你应得的。可是你收获的呢？却是尊严、人格。你可以坦诚地面对大家，因为你不曾亏欠任何人，你无须承担任何心灵上的压力，或者是谴责。坦坦荡荡，何其开阔，这样就不用把自己揪进一个阴暗的角落，窥视着世人的眼光。

责任又是一种障碍。事情出来了，没有人承担，它就会永远摆在前行的路上，阻碍进程，需要去寻根问底，找人来承担。推来推去，时间、精力白白地被浪费。不如一肩膀扛起来，路通了，事情也就顺了。领导会佩服你的勇气，欣赏你的果敢。在同等条件下，你的机会就会比别人多很多。主管有难题了，他就会想到你，因为，他不重用一个敢于承担责任的人，其实就是他在对自己、企业不负责任。

你对责任认真，责任也同样会对你认真。除了带给你尊重、机会外，还给你带来人生的经验。更重要的是那些不敢站出来承担责任的人，或者是错过承担责任机会的人，会对你心存感激，你可能已经赢得了他们的信任，你的团队可能会更牢固，你的事情可能会做得比别人更顺、更好。虽然我们不提倡代人受过，但责任在你身上所能产生的后果，远比在他们身上所产生的后果要小得多，那么你为什么就不能降低一下这种后果所带来的伤害呢？在承担了责任之后，你对当事人所讲的话是否会更有说服力呢？对于你的教诲他接受得是不是更真诚呢？我想，答案是肯定的。因为你的行为已经直接影响到他，人格的感化要比权力或者武力的征服来得更快、更持久。那么你的这一次小小的承担，所带来的将是整个团队的净化，以及整体实力的提升，何乐而不为呢？

对于责任的承担，其实是生存的义务。从你呱呱坠地的那一刻起，你就开始肩负着生命的责任，成长、进步、付出、收获等等，生存着，责任着。那么面对责任我们就应该勇于说出"我来承担"四个字，或者有人说责任太苦，那是因为你把生活想得太甜，你错误地理解了生活的含义。在你没有承担责任之前，没有付出之前，生活应该是苦的。打一个简单的比方：一个美满的婚姻，需要双方共同去经营，这种经营其实就是对责任的承担，关爱、忠诚、给予、尊重，在诸多责任的基础上爱情才能发展成婚姻，婚姻才得以美满。

很多人不喜欢听"因为"两个字，因为在"因为"之后跟的总是理由。但事实上，人们所讨厌的不是"因为"两个字，而是"因为"出口后的那种逃避的态度。编造借口，博取同情，免受处罚，然后自鸣得意，这种态度是非常危险的。一旦这种编造借口逐渐习惯成自然，撒谎的技巧渐趋熟练了，你也就积习难改了。这其实也是一条不归路，因为从你开始编造谎言那一刻起，你就很难再有其他的选择了。你将不会自我完善，犯过的错误你依然会再犯；你不会得到别人的谅解，因为你没有诚信；你辜负了同事的信任，因为你曾经的欺骗。所有的后果、恶果都会接踵而来，因为你不敢承担责任！太多的因为，太多的借口，你已经被自己的舌头缠住了脚。所以在责任面前，不要讲理由，能承担就承担；不能承担，你讲再多的理由，也没有用，这样只会降低你的人格，贬损你的自尊！

有三句话，在做任何事的时候、在胆怯的时候，问问自己：你害怕什么？最坏的结果是什么？你不能接受吗？仔细想一想，真的没有什么好害怕的。责任，人造成的，人还不能解决吗？让我们敢于面对一切，面对人生，面对责任！

第九章

提高工作效率　强化工作责任

第一次就把事情落实到位

在落实过程中，最没有效率的事情就是一件事情开始没有做好，被推倒重来。

生活中这样的事情俯拾即是。比如：刚才往垃圾桶里扔一个棉签，想少走两步道，结果没有命中，只好弯腰捡起来再扔，费了第二遍事。

生活中，忙中出错是常有的事儿。每个人一生当中都会犯很多这样的错误，有的是不起眼的小错误，有的是伤筋动骨的大错误，无论大小错误，都要为之付出代价。

第一次就把事情做对、做好、做到位，是一个观念，也是一个良好的习惯。它会节省我们很多的人力、物力、财力，使我们少走很多不必要的弯路。在落实工作时，我们第一次哪怕多花点时间、多用些精力，力求把事情做到符合要求，也一定要坚决避免一切无谓的重头再来！

要提高落实的效率，最重要的一条方法就是"第一次就把事情做对"。

据说当年飞人迈克尔·乔丹来中国访问时，曾有中国篮球官员问他："您认为我们的球员怎么样？"乔丹回答："你们拥有非常优秀的球员，但他们都只会打篮球，不懂得打篮球的哲学。"

同理，工作也有工作的哲学。第一次就把事情做对，不是一个简单量化的工作标准，而是一个改变所有组织和个人的有效的工作哲学和方法。

第一次就把事情做对代价最小，收效最大。通过第一次把事情做对，人们可以达到组织管理的最高境界：建立预防体系，实现无火可救。

第一次就把事情做对，是一个人做人做事的哲学，是一个人实现事业成功和人生幸福的第一法则。第一次把事情做对，是关系到一个国家、一个民族兴衰成败的关键法则。

第一次就把事情做对，来源于"世界质量先生"科罗斯的"零缺陷"管理，但是它已经远远超越了"零缺陷"管理的界限，它适合于地球上任何一个国家、民族、组织和个人，它属于全人类。

有这样一个故事：

一次工程施工中，一位师傅需要一把扳手。他叫身边的小徒弟："去，拿一把扳手。"小徒弟飞奔而去。师傅等啊等，过了许久，小徒弟才气喘吁吁地跑回来，拿回一把巨大的扳手说："扳手拿来了，真是不好找！"

可师傅发现这并不是他需要的扳手，他生气地说："谁让你拿这么大的扳手呀？"小徒弟没有说话，但是显得很委屈。这时师傅才发现，自己叫徒弟拿扳手的时候，并没有告诉徒弟自己需要多大的扳手，也没有告诉徒弟到哪里去找这样的扳手。第二次，师傅明确地告诉徒弟，到某间库房的某个位置，拿一个多大尺码的扳手。这次，没过多久，小徒弟就拿着他想要的扳手回来了。

在工作中，每个员工第一次就把事情做对，是提高落实效率的第一步。

到中国一汽大众的现代化车间参观过的人，都会在感叹那里汽车流水线现代化的同时，发现在车间的醒目位置上，有一排巨幅广告"第一次就把事情做对"。

初看之下，众皆哗然。怎么这么"现代"的车间里，竟然会有这么"不客观"的广告？这样的广告，不禁让我们思考：第一次就把事情做对，可能性到底多大？

静下心来想一想，不禁为一汽大众的广告所折服：

要把事情做对，需要多少次？是四次，还是三次？最好是几次呢？当然是——一次！

第一次就把事情做对，是对员工的期待，他时时刻刻提醒员工们，要尽最大的可能，在接手每一件事情时，抱着"一次就做对"的信念。

第一次就把事情做对，是对"质量"品质的要求，只有"第一次就做对"，才能尽可能减少废品，保证质量。

第一次就把事情做对，需要员工有扎实的职业技能基础，需要员工对"第一次"从事的工作有充分的准备。

很多人在工作中都遇到过越忙越乱，解决了旧问题，又产生了新故障的情况，在忙乱中造成的错误，轻则自己手忙脚乱地改错，浪费大量的时间和精力；重则返工检讨，给公司造成经济损失。

第一次没把事情做对，忙着改错，改错时又很容易制造新的错误，恶性循环的死结越缠越紧。在"忙"得心力交瘁的时候，我们是否考虑过这种"忙"的必要性和有效性呢？

"第一次就把事情做对（Do It Right the First Time 简称DIRFT）"是著名管理学家科罗斯"零缺陷"理论的精髓。第一次就做对是最有效的经营之道，也是使企业成功的必由之路。

盲目地忙乱毫无价值，必须终止。再忙，也要停下来思考一下，使巧劲解决问题，而不盲目地拼体力。第一次就把事情做对，把该做的工作做到位，这正是解决"忙症"的要诀。

你还忙吗？当然忙！但希望你是忙着创造价值，而不是忙着制造错误或改正错误。在工作完工前想一想出错带给自己和公司的麻烦，想一想出错造成的损失，你就应该能够理解"第一次就把事情做对"这句话的分量。

企业中每个人的目标都应是"第一次就把事情做对"，而要做到第一次就把事情做对，就首先要知道什么是"对"。

工作要有目标和计划

提高工作效率，最基本的一条，就是要有目标和计划。目标解决的是去哪里的问题，计划是如何去的问题，只有做好这两点，我们才能把工作做出色。

1.制定你的工作目标

在工作中，最不可忽略的首要问题，就是如何确立目标。工作上没有目标，就相当于马拉松赛跑没有终点线，就提不起干劲，就无法提高工作效率。

无论工作的条件或内容怎样，在制订目标时，都必须遵守一些原则。这些原则即是具体性、计量性、期限性。在确立目标时，必须制订具体计划，也就是使用可以计量的数字予以表示。然后确定完成的具体期限。在制订长期目标时，事先应该考虑最终目标、阶段性目标和措施目标三项要素。最终目标，即最终要达到的目的；阶段性目标，是每一个阶段要实现的短期规划；措施目标，则是为完成阶段性规划的具体措施方案。没有目标就不会有成功。员工应该养成制订切实可行的目标，并力求速度快、高效率地付诸实施的良好习惯。因此为了切实地完成工作，员工必须为确立目标、实现目标而努力不懈。如能像上述那样，明确地将目标划分为长、中、短三阶段，那么实现目标就更容易了。

"在制订计划时，我追求的是什么呢？以什么目标开展业务活动呢？"要认真想想这些问题，然后条款清晰地记录在如名片般大小的卡片上，根据自己所处的立场，将你对所有问题的看法，真实地记录下来。在记录中，把你认为需要三年多方能完成的项目写上"长"字；三年之内即可完成的项目标上"中"字；一年之内就能完成的项目标上"短"字。上述目标不可能同时实现，故需要确定实现目标的先后顺序。首先，在标有"短"字的项目中，选择三个最有价值的；然后以同样的方法，根据目标内容的重要程度，分别在中、长期项目中各选出三项。计为九项。有趣的是这些内容之间大多具有相关性，只是表现方式不同罢了，有的具体，有的抽象。综合上述内容，并联系起来，最后选择三个目标。

既已确定了目标，今后努力的方向也就明确了，继之便是坚定不移地干到底，最终一定能战胜困难、挫折，胜利的实现目标。

2.制订你的工作计划

有了目标以后，还要有计划，没有计划的落实，只会产生"浪费、忽高忽低、不合理"的涣散局面，消极的态度必定导致工作上的失误。计划是一门技术，如按照计划进行落实，再艰巨的任务也能完成。做计划也要讲究方法，请牢记制订计划的五要素。

(1)确立目标。没有目标的计划是毫无意义的。为什么要确立目标呢？最终要达到什么目的呢？弄清上述问题，是制订计划应具备的起码的先决条件。

(2)掌握是否具备实现目标所必需的条件，人力、财力、物力、时间、信息是实现目标必备的条件。这些条件自然要受实际情况的限制。必须事先搞清楚，实际情况对上述条件限制到什么程度。

(3)实现目标的方针、政策。在制定方针、政策时，一个有效的方法是广泛征求上级、前辈及得意门生等人的意见、建议。

(4)制定方针政策的具体安排。方针和政策一经决定，应马上作出安排。尽量发挥主观能动性，开动脑筋，考虑采用哪些方法，才能使既定方针和政策变为实际行动。

(5)力求方针、政策的完善。方针和政策是行动的指南，所以要经常修改。为了提高方针、政策的品质，需时刻具备问题意识，发现问题，积极改进。

逐条对照五要素提出的要求，以期制订出一个细致、周密、完美无缺的计划来。人们制订计划的能力不一。与能力较高员工共同磋商制订计划的有关问题，是制订计划时必须灵活掌握的原则。

制订计划的诸原则：

(1)事先认真考虑。失败并不都是成功之母，也有时会出现接连失败的情形。最明智的办法，是在开始制订计划时认真考虑，才可以防患于未然。

(2)牢牢掌握目标。考虑通向目的地的最佳途径。否则会出现意想不到的结果。

(3)尽量将计划订得高些。计划也要强化自己的信念，并要比常识性目标定得高。

(4)动用脑筋积极思考："这件事能成功吗？""如何干才好呢？"以这种积极的观念去达到目的。

3.促进任务完成的"5W1H 法则"

"5W1H 法则"即 Why、What、Who、When、Where、How。这些法则，我想大部分人都知道，但能熟练地支配并善用的人却很少。在落实过程中，运用这些法则，是十分有效的。下面叙述"5W1H"的详细内容：

(1)Why(为什么——理由，目的)

(2)What(什么——情况，材料，钱财，资讯)

(3)Who(谁——人)

(4)When(什么时间——时间，时期，期间)

(5)Where(什么地方——场所)

(6)How(怎么样——实行的办法)

在实际工作中，要认真思考并灵活运用上述法则的各项内容。

任何科学的落实，都是讲究方法的落实，因此，我们不仅要有好的落实态度，还要掌握好的工作方法，这样，落实才能到位。

按照流程、轻重和步骤来工作

提高工作效率，就是要按照工作的流程、工作的轻重缓急和正确的步骤来落实。

1.遵循工作流程

一旦接到任务，脑子里应该时时刻刻存有工作，要循着目标→计划→落实→评估的流程来进行。

所谓目标，是指明确地了解工作的目的何在、到何时，做到何种程度将可达到所设定的目标。计划是指想方法，以更有效的做法促使目标如期达到。

落实时需要注意的有：

（1）依据计划来正确、迅速地去落实。

（2）严格遵守完成日期。

（3）不能照预定进度去做而不得不变更计划时，一定要向上司报告并接受其建议，千万不可独断专行。

（4）做到一半发生疑问时，一定要与上司商量。

至于评估，则需考虑以下诸点：

（1）如果进行得不顺利，其原因何在？

（2）如果进行得很顺利，为何那么顺利？再确认一下其成功的原因。

做事情都经过上述流程的话，就不至于无法掌握住工作的全盘性。尤其是组织的工作，必有其纵向、横向的流程，每位员工脑子里必须时时存在着目的、背景，与其他事情的关联性等观念，事情才能做得正确无误。

2.分清工作的轻重缓急

落实工作时，一定要考虑优先顺序，先做最重要的事，然后才做比较次要的工作，万万不可先做自己认为好做或自己喜爱的事，如此，可能会将重要的事耽搁掉，造成真正要落实的事情没有得到落实。

那么该如何决定工作的优先顺序呢？一般说来，可以依据工作期限、重要程度以及性质来判断。就公司立场而言，一般都要求员工在交货期之前必须完成工作，所以，在做事之前，应该制定一个紧密且可行的流程才是。

身为员工，做事一定要坚持一个大原则，就是"今日事，今日毕"，绝不可拖到明天，因为明天还有明天要做的事。如果每天都无法将今日的事做完，就会累积一大堆工作，结果可能因此而赶不上交货期。

假使突然接获临时插进来的工作，最好跟上司或资深人员商量，请教他们该如何处理，避免径自下判断而出差错。不过，也不可什么事都去请教他们，最好是自己先做个考量后再去请教人家。

3.按照正确的步骤做事

一名员工被指示落实某一工作时，最好依以下步骤来进行，以收事半功倍之效。

（1）接受工作指示或命令。一般员工做某一工作时，会接获上司的工作指示。这时候，不能只听上司所交代的，还要明确地掌握住工作目的才行，所以，员工要深思的事情有：

a.目标是什么？

b.为什么必须达到那个目标？

c.何时达到？

d.如何做会更好？

（2）搜集有关的资料、情报。即搜集与工作的计划、执行等相关的文件、资料、情报，而且对于情报的选择，要有慧眼。

（3）考量工作的步骤与方法。愈是需要花长时间工作的事情，愈需要依照工作的步骤与方法来做，才比较有效率，此时宜好好活用"5W1H"的审核表。

（4）决定工作的步骤与方法。不妨从所拟定的几个方案中挑选较合理的，决定时应该考虑到"更早、更好、更轻松、更便宜"这几项因素，再做筛选。

（5）制定行事表。

（6）实施时须留意：

a.确实依照所计划的步骤和方法去做。

b.很有自信地去执行。

c.时时审核实际进度和预定计划的差距，必要时修改所订计划。

（7）检讨与评估。从品质、期限、成本等层面，将工作的结果和当初的计划做一比较，如果不能达到预期结果，就应该找出其原因。

（8）做完后，向上司报告结果。

日事日毕，日清日高

在工作过程中，最严重的现象就是拖延。因为拖延，导致事情落实不到位，造成严重后果的例子举不胜举。

管理学家彼得·德鲁克说："真正推动社会进步的，是默默地高效率工作着的人。而一个高效率工作的人，最重要的一点就是日事日毕，日清日高。"

"日事日毕，日清日高"就是"OEC管理法"，也就是英文"Overall Every Control And Clear"的缩写，意思是全面地对每人每天所做的每件事进行控制和清理，简单说来就是今天的工作必须今天完成，今天完成的事情必须比昨天有质的提高，明天的目标必须比今天更高才行。

海尔集团的张瑞敏对此深有感悟，他曾这么说道：我们曾经给员工打一个比喻来说明这个日清日高的概念。把一块钱人民币存到银行里，如果计算利息不是单利而是复利即利滚利，假如日利率仅仅为1%，那么70天的时间，一块钱就会变成两块钱。这个意思说明，把所有的目标分解到每个人身上，每个人的目标每天都有新的提高，这样就可以使整个工作有条不紊地、不断地增长。我们的每个员工都有一张"三E卡"，所谓"三E卡"，就是每天、每件事、每个人，"每个员工干完今天的工作后，必须要填写这张卡片，填写完之后，他的收入就跟这张卡片直接挂钩。这张日清卡，使我们把整个的工作大目标分解落实到每个人身上。比方说我们的冰箱共有156道工序，545个责任区，这些都落实到每个人头上去；我们的冰箱仓库一共有1964块玻璃，每一块玻璃都有一个责任人，这就使得整个的质量能够保证是优质。其中的关键是员工的素质，也就是只有优秀的员工才能生产出优秀的产品。

事实上，不论是企业，还是其他组织，日事日毕、日清日高的方法都是十分有效的。我们只有日事日毕，才不会让事情累积起来；我们只有日清日高，才会不断地取得进步。

在工作的过程中，我们一定要告诉自己：

决不拖延！

如果我拖延下去，我将会怎么样？

如果将工作拖到以后再去做，那么会发生什么？

实际上，拖延是一种相当累人的折磨，随着完成期限的迫近，工作的压力会越来越大，这会让人觉得更加疲惫不堪。

只要是自己认为对的事情，必须马上付诸行动，绝不可优柔寡断。不能做决定的人，固然没有做错事的机会，但也失去了成功的机遇。

有一位老农的农田当中，多年以来横卧着一块大石头。这块石头碰断了老农的好几把犁头，还弄坏了他的农耕机。老农对此无可奈何，巨石成了他种田时挥之不去的心病。

一天，在又一把犁头被打坏之后，想起巨石给他带来的无尽的麻烦，终于下决心弄走巨石，了却这块心病。于是，他找来撬棍伸进巨石底下，却惊讶地发现，石头埋在地里并没有想象的那么深，稍一使劲就可以把石头撬起来，再用大锤打碎，清出地里。老农脑海里闪过多年被巨石困扰的情景，再想到可以更早些把这桩头疼事处理掉，禁不住一脸的苦笑。遇到问题应立即弄清根源，有问题更须立即处理，绝不可拖延，就像故事中的老农一样。很多事情并没有你想象的那么困难，只要行动起来，你就会在行动中找出解决问题的方法。

拖延是存在于每个人潜意识中的，不要让它成为习惯。拖拉是把今天的担子，放在明天的肩上，直到不堪重负，变成一个负不起责任的人。要做一个高效的责任者，就绝对不能拖延。

接到工作，马上落实

提高工作效率的另一个秘诀就是接到工作，马上落实。领导有什么安排，马上去落实；客户有什么要求，马上去落实。要知道，工作成绩是落实出来的，而不是等待得来的。

不管做什么工作，当领导给了你某项工作后，就要抓住工作的实质，当机立断，立即行动，毫不延缓，这才是真正的落实精神！每一个成功者都是行动家，不是空想家；每一个落实的人都是实践派，而不是理论派。

马上落实是一种习惯，是一种做事的态度，也是成功者共有的特质。

什么事情你一旦拖延，你就总会拖延，但你一旦开始行动，通常就会一直做到底；所以，凡事行动就是成功的一半，第一步是最重要的一步，行动应该从第一秒开始，而不是第二秒。

1997年9月，海尔彩电在北京上市。8个月后，根据国家统计局中怡康经济咨询有限公司对全国100家商场的统计，1998年5月海尔彩电在北京市场销量第一且一直保持。有人说，这是意料之中的事，而让人出乎意料的是这项成绩的创造者竟是个不足23岁的毛头小子——北京销售经理辛波。

1998年12月初，某品牌彩电负责人率领30人的直销大军浩浩荡荡开到了北京中旭三利商场，欲同海尔争夺市场。而当时海尔彩电在三利商场只有3名直销员。在力量对比如此悬殊的情况下，海尔彩电销量依然雄居三利商场榜首。

辛波的成功取决于他"迅速反应，马上行动"的海尔作风。一次，辛波在商场谈展台工作时，婉拒了商场经理吃午饭的邀请，利用午餐时间布置好了展台，令吃完饭回来的商场经理大吃一惊，之后商场便把黄金位置给了海尔彩电。

市场领先，点子不断。在竞争如此激烈的市场上，一个分中心经理要全身心地扑在工作上，工作作风尤为重要。

美国海尔贸易公司总裁迈克曾接到许多消费者的反映，说普通冷柜太深了，取东西很不方便。在2001年"全球海尔经理人年会"上，迈克突发奇想，能否设计一种上层为普通卧式下面为带抽屉的冷柜，二者合一不就解决这一难题了吗？

冷柜产品本部在得知迈克的设想后，派四名科研人员采用同步工程，连夜奋战，仅用17个小时完成了样机设计。不但如此，他们还超出用户的想象，又做出了第二代产品。在当晚的答谢宴会上，当这些样机披着红绸出现在会场上时，引来一片惊叹声，接着爆发出经久不息的热烈的掌声。

冷柜产品本部部长马坚上台推介这一工商互动的共同结晶，并当场以迈克的名字为这一冷柜命名。当天，这款迈克冷柜就被各国经销商订购。如今这款冷柜已经被美国大零售商希尔思包销，在美国市场已经占据了同类产品40%的份额。迅速反应，马上行动，海尔人用创造性的工作，出奇制胜的手法，对海尔作风作了新的诠释，赢得了与会代表的一致赞叹。

第三个十年，海尔经过市场链的组织流程结构改造，进入了全球市场进行本土化的角逐。全球化的海尔，需要全球化的海尔精神；海尔的全球化，需要企业的全球化追求。在这一更高的目标下，"人单合一，速战速决"，就成为海尔工作作风的最新表述。"人单合一"是手段，就是要解决内部管理和外部市场拓展两张皮的问题，"人单合一"可以让不同文化背景的人都可以接受，但是具体的激励体系等方面就表现出跨国的本土化特色，例如在马来西亚，销售人员和应收账款可以挂钩，但是在欧洲却行不通。"速战速决"是目的，每一个SBU都要与市场准确地结合，然后以速度取胜。

表面看起来，这句口号很平常，没有石破天惊的轰动效应，海尔人默默坚持做了20多年后却取得了惊天动地的效果。"迅速反应、马上行动"可以在海尔人的工作作风中处处体现出来，海尔对市场需求变化的迅速反应、对用户提出问题和要求的迅速反应、对公司领导指示的迅速反应都使海尔的员工时时刻刻处于一个积极的工作状态中。以可能达到的最高效率完成工作，争取在相同的时间内，做出更多的成绩；以迅速快捷的态度对待市场，绝不对市场说不，为用户着想，对用户真诚，快速排除用户烦恼到零。海尔感动和赢得了海尔用户和客商的心。海尔人正是在这种作风的带领下，在市场上赢得了巨大商机。

作为企业员工，要养成一有工作，马上落实的工作作风，这是你获得成功最重要的一点。

第十章
企业中层管理者责任素质

做一个有责任感的管理者

畅销书《登顶》的作者迈克尔·尤西姆在书中讲了这样一个细节：

在攀登珠穆朗玛峰的探险队出发之前，我一一向队员询问他们的兴趣和技巧，在此基础上给每个人分配了不同责任。一位队员负责食物，一位负责衣物，一位负责交通方式，其他人分别负责登山装备、财务事项、通信和保健。这和我从前经历的探险不同。在这次探险中，每一位队员都是团队中不可缺少的关键人物——尽管不是领导者，但每个人都必须担负自己的个人责任。

在此之前，我们对自己的评价都是基于各自的登山能力。但现在，我们必须掌握一系列的管理技巧在每个人的责任范围内，都必须运用领导才能。在管理这次探险的每个方面，每个人都产生了巨大的责任感。每件事情都必须高质量地处理和解决，因为这关系到队员的生命，而且我作为领队，也无法事无巨细地处理好每个细节。将领导责任分摊，能够使整个团队更好地自我管理。

另外，每一个人都为这次探险增添了重要的价值，这一坚定的信念加强了每个人对这次行动的归属感。我们每一个人都清楚地知道，如果这次探险失败，那么每个人都对此负有责任。

马丁内斯基金会的情况也是如此。他们举行的活动都在野外，帮助孩子们学习教育中关键的内容，这都需要他们的教练具备极高的专业素质，并付出更多的关爱。（他们提供的项目包括许多探险活动，比如在绳桥上穿过水流湍急的河，或是让孩子们从高100英尺的悬崖上用一根绳子速降）。因此，向教练灌输个人责任的概念，这不仅仅在字面上有重要意义，而且也是他们的项目赖以成功的因素。所有接受过他们服务的小学都对他们的项目质量表示认同，所以在10年中，马丁内斯基金会每年服务的儿童人数从300人剧增到6000人。由此产生的另一个令人惊喜的结果是，他们的教练从个人责任中体会到了成就感和胜利感。渐渐地，户外运动的专家们也对他们的基金会表示感兴趣，申请加入他们教练队伍的候选人名单上总是人才济济。

我们不难从中看到《登顶》作者迈克尔·尤西姆的责任意识，正是因为有他这种责任意识，才有他的团队的每一个人的责任意识。可是，我们在工作中，有多少人能够意识到，如果我们公司破产，我们每一个人对此都负有责任。有多少管理者能够意识到我们的下属犯了错误，我们也是有责任的!

可能有的管理者会说："的确不是我的错，我已经把事情交代得清清楚楚，是员工没有做好而已。"其实，这样的话根本经不住推敲，这样的管理者也只会推卸责任，毫无承担的勇气。试问:既然员工是自己的员工，那么责任为何要别人担负? 自己以为把事情交代清楚了，果真如此吗? 如果确认是员工做错了，那么至少管理者也要担负用人不当的责任。

下属对一个领导的评价，往往决定于领导是否有责任感。勇于承担责任不仅使下属有安全感，而且也会促使下属进行反思，反思过后会发现自己的缺陷，并承担责任。老板这样做，表面上看是把责任揽在了自己的身上，实质上不过是把下属的责任提到上级领导身上，从而使问题解决起来容易一些，并树立起榜样，让下属体会到上司的高度责任心。富兰克林十分相信中国古代思想家孔子的一句话:"统治者率先垂范，其他人就会仿效。"孔子身体力行地实践了这一原则。当孔子的学说带着他们走向善的事业时，很多普通百姓也跟着学习。这种方式对人们产生了极大的影响。把这个道理放在职业生涯中，就可以孕育出一条规律:上司越勇于承担责任，就越给人以信任感。借助这种信任感，可以获得两种意想不到的好处:第一，下属支持你，认为你是一个体恤的人，他们甘心为你工作，并且以你为工作榜样;第二，上司看重你，他们认为你是一个勇于承担责任的人，这样的人会对工作更加投入、更加执著。

假如你只是个中级管理者，你为你的下属承担了责任，那么你的上司是否也会反思，他也有某些责任呢？一旦公司里上行下效，形成勇于承担责任的风气，便会杜绝互相推诿、不团结的局面，使公司形成更强的凝聚力，从而增强竞争力。

因此，承担责任应该成为公司的一句标语，但不应该只停留在口头上。每个职位、每个员工都有自己的一份责任。可是，当一些不能明确用职位界定的责任出现时，上司就应该第一个挺身而出，明确说一声：这是我的责任，我来承担。

日本松下公司的松下幸之助先生曾亲身经历过这么一件事情：

新年将到，公司开始在每天早上打扫环境卫生，到了11点左右，松下先生到现场视察，发现成绩很好，可是员工厕所却没人打扫。厕所是每位员工经常使用的地方，每个人都有份，是该指使这人打扫，还是命令那人负责？可是，每个人都在忙。如果让某个人来打扫，一定会耗去他不少时间，可能今天晚上他就要加更长时间的班，他会乐意吗？想到这里，松下先生决定自己清理厕所。这时，公司的员工意识到了总裁的特殊行动。他们纷纷跑过来，抢过扫把，很快就把厕所打扫得干干净净。

此事过后，公司员工决定把打扫厕所这一责任缺口彻底填补。他们制订了一份责任细则，每天派一名员工清理厕所。这就是蕴藏在公司内部的无形力量。人与人之间的关系，不再拘泥于上下级之间，不用具体的职位去划分，而是从"从我做起"开始。既然上司的职位更高，责任也就更大，从上司做起无疑是一个有效的手段。

权力和责任是对等的

　　长期以来，我们形成了一种思维定势，一谈管理就好像只有被管理者服从、遵守的份，管理就是管理者享有权力，被管理者承担义务；即使管理不好，那也只是由于被管理者不履行义务、不安分、不服管的原因造成的。管理者如果有了这种思想，即使企业出了再大的问题，公司的高层也只是在员工身上找原因，而丝毫不会怀疑到自己的头上。其实，大多数的管理者都忽略了一个重要的原则：权力与责任必须是对等。

　　管理者需要承担责任吗？答案是肯定的！比如我们的交通法规规定，行人、车辆要绿灯行、红灯停，可是我们有时会遇到这种情况，当我们站在马路一端张望那边的红绿灯时，却发现红绿灯已经"病了"，这种情况下，叫人怎么遵守交通规则呢？公司的管理者也是一样，虽然为员工制订了众多的规定，但如果这些规定本身就是错误的，员工执行的结果哪有不错的道理呢？因此，当我们看到员工的执行结果不尽如人意的时候，不妨首先看看问题是不是出在自己身上，这是一个管理者对待问题最基本的态度。自己丢失了心爱的东西，要先从自己家中找，如果先从路上去找，很多时候都会徒劳无功的。其实，一个管理者不需要管理太多，只要把自己管理明白了就是最高级的管理者，也是最智慧的管理者。

　　一个集团公司的总裁走出办公楼，看见清洁工用一个只剩五个齿的耙子在耙树叶，而原本这个耙子有 31 个齿。

　　总裁问清洁工："你为什么用这么个耙子工作？你收集不到什么树叶！"

　　"这是我一进公司时他们就给我的，"清洁工回答。

"为什么你不拿一把好的耙子呢？"总裁问。

"他们不给我，我有什么办法？"

总裁很恼火，把主管叫来，让他马上去领一把合适的耙子交给清洁工。

总裁问主管："这件事上，你认为你有责任吗？"主管点点头，总裁继续说："你的工作就是要确保你的员工有合适的工具，这是你的责任。"

很明显，故事中的主管并没有对他的员工负责，也没有使用公司赋予他的职权。但是，如果这个清洁工没有被总裁发现呢？其实，这位主管的责任不仅在于为下属员工确保有合适的工具，其失职之处更在于这么多年来，为何清洁工一直不主动提出更换耙子？清洁工的不主动表现就是主管最大的失职，也是他作为管理者的最大的失败之处！而这个主管之所以如此玩忽职守，其根源正是没有行使公司赋予的权力，自然也就没有对公司负责，没有把权力与责任对等起来，这才是问题的根源所在。

权力与责任，犹如事物的正反两面。权力的本质是责任，权力是因承担责任的需要而出现的！当我们拥有并行使权力时，其实是在承担责任。然而人类有着趋力避害的本性，权力意味着欲望和支配，人类天性会趋之若鹜，而责任则意味着承担和风险，人类天性会推卸和逃避。所以在企业内部，总是有人千方百计地把两者割裂开来，使得我们费尽心思，使用各种方法来促使和实现"责权"的对等，而现实又总是令二者难以对等，这是令管理者非常痛苦的事情。因为在一个没有把责任作为首要任务的组织里，责任和权力总是很"勉强"的实现着所谓的对等，权力只要一有机会，就会千方百计地摆脱责任。事实上我们做了一件蠢事：我们人为地将责任与权力硬性拆分，又人为地企图将他们硬性地糅合在一起。摆脱这种管理"痛苦"的方法，必须从企业源头做起。企业组织的一切，包括企业组织的目标任务、部门机构和职务岗位，都是因承担责任的需要而出现。换句话说，如果企业组织的某项权力、某些部门或岗位，并不是因责任而出现，而是因权力的需要而出现，那就要坚决制止。

因此，优秀的管理者必须要牢记：只有勇于承担责任，才能使用手中权力；

只有勇于承担责任，才能尽心为民服务；只有勇于承担责任，才能赢得下属的尊敬。古人云：人非圣贤，孰能无过。在中华圣贤谱中，武侯诸葛亮应该能排在前列了。他在率师北伐时，却误用马谡，结果痛失街亭，这也直接导致了北伐的失败。诸葛亮挥泪斩马谡后，上书后主刘禅，主动承认失误，并要求自贬三等。这也正是诸葛亮以书生身份而令众将心服的一个重要原因。

权力是承担责任带来的好处，责任是享有权力必须付出的代价。享有某种权力，就应该承担相应的责任；承担某种责任，就应当享有相应的权力。没有权力就没有责任。假若老板要求某个经理人承担某种责任，那么就必须明确授予他相应的权力。授权的基本原则是：有多大的权力即有多大的责任，有多大的责任即有多大的权力；有什么样的权力即有什么样的责任，有什么样的责任即有什么样的权力；没有某种权力即没有相应的责任，没有某种责任即没有相应的权力。只有这样，才能做到权尽其用，人尽其责；有权无责，或有责无权，都必然会导致互相推诿的结果，使企业力益蒙受损失。

其身正，不令而行

作为领导连自己都做不到或不愿做的，要求员工做到显然是不可能的。"喊破嗓子，不如做出样子"。下属对领导总是"听其言观其行"，其行善，其言才有力。"以正德临民，犹树表望影，不令而行。"

正人必先正己，"上清而无欲，则下正而民朴"。要求别人做的，首先自己做到；禁止别人做的，自己坚决不做。唯有如此，才能真正地发挥出自我影响力。

在任何一个企业或者组织中，只有全体成员上下一心，动作整齐划一，才能朝着既定的目标稳步向前。可惜的是，现实中这样的企业和组织太少了。我们可以经常看到类似的情形：在一家公司内，上司向下属下达任务时，下属心不在焉；有的员工违反了公司的规章制度后，上司批评他时，他却不服气地说："难道只有我这样吗？"……

的确，许多企业中都或多或少存在这样的问题，它严重影响了公司的整体团结，腐蚀了公司的执行力，从而大大减缓和阻碍了公司的发展。那么，怎样才能解决这一问题呢？这就要求企业中的管理者必须要从我做起，以身作则，用自己的切实行动为他人做出榜样。管理人员如果无法取得员工的信赖和认可，将必败无疑。作为领导，连自己都做不到或不愿做的，要求员工做到显然是不可能的。

日本东芝公司总经理土光敏夫，丰田公司创始人丰田佐吉、丰田喜一郎等人都喜欢读《论语》，丰田喜一郎还将"其身正，不令而行"作为座右铭。无独有偶，中国著名企业家柳传志先生，一直也把"其身正，不令而行"这句话放在办公桌上，勉励自己。我们来看看柳传志先生是怎么做的。

联想公司在柳传志的带领下，由20万元起家，发展成为今天有上百亿资产的大型集团公司,成为了中国电子工业的龙头企业。而柳传志不仅是中国改革的风云人物,更是具有崇高威望的企业领导人。

的确,联想能有今天,与柳传志的"其身正,不令而行"是分不开的。

联想有一条规则,开20人以上的会迟到要罚站一分钟。这一分钟是很严肃的一分钟,不这样的话,会没法开。第一个被罚的人是柳传志原来的老领导,罚站的时候他本人紧张得不得了,一身是汗,柳传志也一身是汗。柳传志跟老领导说:"您先在这儿站一分钟,今天晚上我到您家里给您站一分钟。"柳传志本人也被罚过三次,其中有一次是他被困在电梯里,又找不到人帮他请假,结果还是被罚了站。

正是柳传志的这种"其身正,不令而行"以身作则的精神,联想的其他领导人都以他为榜样,自觉地遵守各种有益于公司发展的"天条",使得联想的事业得以蒸蒸日上。

"上梁不正下梁歪",企业是一个整体,员工都在看领导者怎么做,继而就会跟着效仿。因此,领导者只有严格要求自己,起带头表率作用,才能具有说服力,才能增强自己的凝聚力。孔子曾经说过:"己欲立而立人,己欲达而达人。"意思是说,只有自己愿意去做的事,你才能要求别人也去做,只有自己能够做到的事,才能要求别人做到。因此,作为现代领导者就必须以身作则,用无声的语言说服下属,才能形成亲和力,才能表现出高度的凝聚力。

一位员工在上班时间上网聊天,被公司老板发现,老板批评他,而他却不服气。于是老板便让这位员工把他们的主管叫来,没想到这位员工却说道:"你就别打扰他了,他这会儿正在冲关呢,等一下他自己就会出来的。"原来他的主管正在另一台电脑上玩游戏呢。

这个故事虽然听起来觉得令人可笑,但却是现实存在的。经常会看到许多企业中有些领导一本正经地宣布了一项规定,要求全体成员做到,而转眼间自己就忘记了。他们要求别人不能迟到,而自己却经常在上班后,睡眼惺忪地出现在办公室,这又与这个故事中的主管有多大区别呢?

领导者只有把"照我说的做"改为"照我做的做",才能实现以身作则。领导者的工作习惯和自我约束力，将会起到表率作用，对下属的行为产生十分重要的影响。如果一个领导者工作松散，经常无故迟到，工作时间私人电话一个接一个，工作过程中又不踏实，总是左顾右盼，那么他的部门就很难管理好，工作自然就会搞得一塌糊涂。

请看下面的案例：

经过几年的打拼，李海终于成为公司的一位分公司的经理，手下的员工达到了200多人。坐在宽敞明亮的办公室里，望着18层楼窗外的风景，他忽然觉得自己应该轻松一下了。

从此，他不再按点来上班，经常是大家都到齐了，他才松松垮垮地走进办公室，没到下班的时间已经不见了他的影子。他还经常在办公室里唱歌、睡觉，办公桌上也是乱七八糟，这一切都看在了员工的眼里。

直到有一天，他偶尔翻看考勤簿才发觉，天啊，公司里几乎很少有人不迟到。再看大家的办公桌上，往往是很多东西杂乱地堆在一起。员工们在一起经常说说笑笑，没有一点上班的样子，他们可都是原来公司的优秀员工啊！公司的业绩也在不断下滑，几笔大业务都由于疏忽，赔了很多钱。李海一时陷入了困境，不知道是什么原因造成的这种局面。于是李海到一家管理咨询机构去寻求帮助，结果咨询人员给李海出了两个主意：

1. 领导者要起到表率作用

领导者作为公司的灵魂人物，是全体下属学习和效法的榜样，因此，领导者一定要时刻注意自己的一言一行，避免造成负面影响。

2. 严格要求自己

在任何细节上领导者都不能疏忽，一些生活中的习惯不能带到办公室、工作中，严格区分工作时间和生活时间，以及工作行为和个人行为，做到公私分明。

万向集团总裁鲁冠球曾经说过："喊破嗓子不如做出样子。"作为一名管理者，应该知道"上行下效"的道理，所以，事事处处都要从自己做起。一个人是否能不断地超越自我，很大程度上还取决于在物质生活条件越来越好的情况下，能不能保持艰苦奋斗的精神。

《禅林宝训》说："做长老有道德感人者，有势力服人者。犹如鸾凤之飞，百禽爱之；虎狼之行，百兽畏之。"管理者必须学会以身作则，因为你的言行举止往往就是员工学习的榜样，你怎么做他们就怎么学，这是恒久不变的真理。

"跟我来"胜过"给我上"

有这样一句话：一名卓越的管理者手下绝对没有不可用的庸才。一名从事多年职业培训的讲师也不禁感叹道：员工是否卓越，责任全在于企业管理者本身。确实，企业员工表现是否优秀与管理者有着莫大的关系，因为在很多时候，下属员工是以管理者的行为准则来要求自己的，并且以管理者的行动作为自己的标准。让我们看一个发生在实际生活中的例子吧！

老魏是一家网络公司的经理，虽说公司规模不大，但是他却经理架子十足，对待下属的时候，总是用一种命令的口气跟他们说话，例如那件事情做得怎么样了？你明天到什么地方去一趟！他自己呢？却总是躲在安静舒适的办公室，像监工在监督着手下的员工。

一点儿不错，老魏很想把公司做起来，四处寻找优秀的人才，皇天不负有心人，在他的努力下终于从一家大的网络公司高薪挖到了一个相当不错的年轻人。他为此深感幸运，可惜的是还没有高兴多久，那位被他高薪挖过来的人才，却主动提出了辞职。

"难道说你对我开出的薪水不满意吗？"老魏深感疑惑。

那位年轻人摇摇头，没有回答。

"那么是什么原因让你辞职？"老魏不解地问。

年轻人淡淡地一笑，问了老魏一句话："魏总，恕我冒昧，我想问问这家公司究竟是不是你开的？"

老魏一时之间不能明白年轻人的意思，愕然地看着年轻人。

"我敢肯定这家公司并不是你投资开的，如果真的是你开的话，我想你应该比任何人都要尽心尽力，可是你……"年轻人直率地说出了自己的想法。

老魏惊诧了。

确实，作为企业的管理者，老板在对待工作的时候应当比其他的员工更尽心尽力，因为不管怎么说，那是自己的事业。

无论做什么事情，只有付出才会有结果，一位卓越的管理者，在心中千万不要有这样的念头：自己所付出的就是付给员工薪水就够了，你应当知道你的一切员工都会看到，你应当做得比他们更好，永远要做到以身作则，用自己的行动为他们做出榜样，永远要做到"跟我来"，不要对他们发布命令"给我上"，只有这样你才能带领你的下属朝着既定的目标前进，继而走向成功。

猴子管理法则

相信很多的企业管理人员都会有这样的感触，自己的下属拿着工作来找自己，然后问：这件事情该怎么办？对于类似的状况，一般的管理者都会觉得非常懊恼，认为员工实在太笨了，连这样的小问题都解决不了。如果把方法告诉员工，又实在太麻烦，干脆自己去做好了。这就是企业管理者每天都很忙的根本原因。其实，这都是因为这些企业管理者不懂得猴子管理法所致。

美国的比尔·翁肯曾经写过一本《别让猴子跳回背上》的畅销书，当中很形象地做了一个比喻：那只跳来跳去的猴子，就是一件工作或一个问题。

回想一下，我们的企业管理人员是否经常遇到这样的情形：在走道上碰到一位部属，他说："我能不能和您谈一谈？我碰到了一个问题。"于是你便站在走道上专心听他叙述问题的来龙去脉，一站便是半个小时，既耽搁了原先你要做的事，最后问题也没有解决掉。于是你说："我现在没时间和你讨论，让我考虑一下，回头再找你谈。"

在这样的案例中，猴子原本在部属的背上，谈话时彼此考虑，猴子的两脚就分别搭在两人背上，当你表示要考虑一下再谈时，猴子便移转到了管理者的背上。你接下了部属的角色，而部属则变成了监督者，他会不时跑来问你："那件事办得怎样了？"如果你的解决方式他不满意，部属会强迫你去做这件原本他该做的事。当你一旦接收部属所该看养的猴子，他们就会以为是你主动需要这些猴子的。因此，他们会源源不断地把猴子送来。于是你饱受堆积如山、永远处理不完的问题的困扰，甚至没有时间照顾自己的猴子，努力将一些不该摆在第一位的事情做得更有效率，白白让自己的成效打了折扣。

管理者应该将时间投资在最重要的管理层面上，而不是养一大堆别人的猴子。身为经理人，只有让员工自己去喂养他们的猴子，才会有足够的时间去做规划、协调、创新等重要工作，从而让整个部门持续良好的运作。

比尔·翁肯提出的猴子管理法则，目的只有一个，那就是让合适的员工在合适的时间做他该做的事情。当然，这个法则只能运用在有生存价值的猴子身上，如果这项工作根本没有任何意义，管理者自然不用去管它，也不会用到下面的猴子管理法。

猴子管理法则：

法则一：除非下一个步骤已经明确界定，否则经理人和员工都不能离开。严守这项法则可以获得三种好处：第一，如果员工知道要提出适当的下一步骤才能结束谈话，他就会在事前做更缜密的规划。第二，它可以促使员工采取行动。第三，对猴子做描述，把下一步骤说清楚，能提高员工的工作意愿，让他们跨出最具关键性的一步。

法则二：经理人和员工的对谈，要到每一只猴子都分配给一个人拥有之后才能结束。至于哪一只猴子该归谁管，原则上尽可能把猴子交给能照顾到它们福利的最低阶层人员去照料，因为部属集体投入的时间精力比经理人要多很多倍，而且经验也告诉我们，部属往往比管理者所想的还要能干。把猴子送错主人，有时候是经理人自己内心的需求，想要避开管理所带来的挑战，或是以为唯有自己才做得来，有时候却是组织政策使然。这时候要替猴子找到适当的主人，就必须技巧与自制力兼施，尤其是自制力最为重要。要求部属尽力把工作做到最好，可能会遭遇部属反抗，这与为猴子找到合适主人的实务，变得有些相抵触，因为经理人会发现，有时候把猴子接过来，要比让猴子靠在适当主人背上要来得容易。但是请记住：要培养一个人的责任感，唯一的方法是给予他们责任。

法则三：在把每一只猴子放出去面对组织丛林之前，先为它们保个险。此法则提供了一个系统性的方法，用以平衡员工所需的处理猴子的自由空间，与经理人对结果所负的责任。赋予员工权限和自由，经理人和员工可以互得其利。经理人能自由裁量时间，用在监督员工的时间及精力减少；员工也可以享受到自我管理的好处，有更高的满足感、更高昂的士气。但员工拥有自由空间时，就不免会犯错，这时候猴子的保险就要派上用场，保证他们犯的错是组织所能承担得起的。猴子保单有两个层次：第一是给予建议，然后行动。当员工犯下承担不起的错误的可能性相当高时，要否决他们的行动计划，这是一种保护措施，但却得牺牲经理人的时间及员工的自由空间。第二是行动，然后给予建议。确信员工可以自己料理猴子，先行动后再来报告，这让员工有很大的运作空间，也省下经理人的监督时间，但风险也较大。至于该选择哪一份保单，则视情况而定，而双方都可以行使选择权。

法则四：企业的成功与否取决于猴子的健康状况，因此必须定期为它们做检查，维持它们的身体健康。检查猴子的目的有二：一是发现员工正在做正确的事，进而称赞他们；二是发掘问题，并在问题形成危机之前采取校正行动。猴子生病，不是由于缺乏照料、营养不良，就是因为照料不当。

有时候员工不想让经理人知道猴子生病了，因为他们大都想自行解决问题，经理人应该与员工建立默契，要他们尽力照顾病猴子，如果情况没有改善，就必须把猴子交给经理人检查。相对的，如果经理人发现猴子生病，就应该把下一次检查的时间提早到猴子身体状况所能允许的时间。这里的检查着重在猴子的情况，而非员工本身。因此，检查工作能够让经理人有机会发现员工是否在正确地进行某事，并可以查明或是纠正员工所犯的错误，从而降低自己的焦虑。之后，就由员工自己去表现了。翁肯的理论告诉我们，如果经理人真的想帮助下属，就必须教他们如何捕鱼，而不是送他一条鱼。剥夺他人的主控权，去喂养他人的猴子，这样无法帮助他们解决问题，只是代替他们完成了他们自己想要做的事情而已。

猴子管理秘诀：

1.打断下属负面的"依赖"神经链。

2.训练下属分析问题、全面思考问题的能力。

3.让下属产生信心与成就感。因为这样，他会觉得自己居然也有解决复杂问题的能力。越来越有能力的下属越来越胜任更重要的任务。

4.会激发下属的行动力。因为人们往往愿为自己的决定而全力以赴，并愿意为它承担责任。

猴子管理启示：

1.每一个人都应该照看自己的"猴子"。

2.不要让自己的"猴子"去麻烦别人照看。

3.组织中，每一个人都应该明白自己应该照看哪些"猴子"，以及如何照看好它们。照看好的标准是什么。

4.不要试图自己的"猴子"托付给别人照顾。这里的别人可能是你的上司、下属、别的部门的同事，也可能是公司、社会乃至命运等。

5.不要出现没有人照看的"猴子"，也不要出现有两个以上"主人"的"猴子"。

6.作为上司不仅要让下属知道他应该照看好哪些"猴子"，更需要训练下属如何照看好他们的"猴子"。

在使用"猴子管理法"的时候，有一个诀窍一定要注意：

企业管理者要学会设置防线，不能让员工养成依赖的习惯，如果有员工来找你，问你"问答题"的时候，你一定要设法让员工养成这么一个习惯：以后，我只接受"选择题"，不接受"问答题"。这样就能逼着员工带着答案来找你，逼着员工做出他认为最好的选择意见给你参考，并问为什么选择这个答案。如果企业的管理者能够在工作中应用猴子管理法，工作自然就能轻轻松松地完成了。

第十一章
提高责任能力的五把钥匙

自信：没有自信就做不好工作

如果有坚定的自信，即使平凡的人，也能做出惊人的事业来。缺乏自信的人即使有出众的才干、优良的天赋、高尚的性格，也很难成就伟大的事业。

一个人的成就，绝不会超出他自信所能达到的高度。

坚强的自信，便是成功最大的源泉。

不论才能大小，天赋高低，成功都取决于坚定的自信力。相信一定能做到，事实上就能够成功。反之，不相信自己，那就绝不会成功。

有一次，一个士兵骑马给拿破仑送信，由于马跑得太快，在到达目的地之前猛跌了一跤，那马就此一命呜呼。拿破仑接到信后，立刻写封回信，交给那个士兵，吩咐士兵骑自己的马，快速把回信送去。

那个士兵看到那匹强壮的骏马，身上装饰得无比华丽，便对拿破仑说："不，将军，我是一个平庸的士兵，实在不配骑这匹华美强壮的骏马。"

拿破仑回答道："世上没有一样东西，是法兰西士兵所不配享有的。"

世界上到处都有像这个法国士兵一样的人，他们以为自己身份卑微，别人所有的一切，是不属于他们的，以为他们是不配享有的，以为他们是不能与那些伟大人物相提并论的。这种自卑自贱的观念，往往成为不求上进、自甘堕落的主要原因。

经常有人这样想：世界上最好的东西，不是他们这一辈子所能拥有的。他们认为，生活上的一切美好的事物，都是留给一些特殊的人的。有了这种卑贱的心理后，当然就不会有要成就伟大事业的观念。

许多人，本来可以做大事、立大业，但实际上竟做着小事，过着平庸的生活，原因就在于他们自暴自弃，他们没有远大的希望，没有坚定的自信。

与金钱、势力、出身、亲友相比，自信是最重要的东西，是人们从事事业最可靠的资本。自信能帮助人排除各种障碍、克服种种困难，能使事业获得完满的成功。

有些人开始对自己有深层的了解，相信能够成功，但是一经挫折，他们就半途而废，这是因为自信心不坚定的缘故。所以，光有自信心还不够，更须使自信心变得坚定，那么即使遇到挫折，也能不屈不挠，奋勇向前，决不会因为小小的挫折就退缩。

从那些成就伟大事业的卓越人物的人格特质就可以看出一个特点：这些卓越人物在成功之前，总是具有充分信任自己能力的坚强自信心，深信自己必能成功。这样，在做事时他们就能全力拼搏，破除一切艰难险阻，直到胜利。

玛丽·科莱利说："如果我是块泥土，那么我这块泥土，也要预备给勇敢的人来践踏。"如果在表情和言行上时时显露着卑微，任何时候都不信任自己、不尊重自己，那么这种人自然得不到别人的尊重。

上帝给予我们巨大的力量，鼓励我们去开创伟大的事业。而这种力量潜伏在我们的脑海深层，使每个人都具有宏韬伟略，能够精神不灭、万古流芳。如果我们不对自己的人生负责，在最关键、最可能成功的时候不把自己的本领尽量施展出来，那么对于世界也是一种损失。世界在不断变化，正待我们去创造。

态度：热爱工作能创造奇迹

那些充满乐观精神、积极上进的人，做什么事干劲十足，神情专注，心情愉快，自己创造机会，把握机会，一心想把工作做得更好。

两个人同样从事一种工作，在态度、方式上却迥然不同。那些十分擅长做家务劳动的家庭主妇，不管她们是烤面包、铺床，还是擦洗家具，都是一副全身心投入的专注神态。她们以积极的心态做这些事，并从中享受到乐趣。这在另外一些主妇看来是十分单调乏味的事，在她们看来，却妙不可言。她们能从家务事中体会到艺术的美。不管是照料孩子还是料理家务，都不觉得枯燥乏味。事实上，看着她们以轻松愉悦的心情干着事，看着她们心满意足，简直是一种享受。她们心情很愉悦地摆放着每一件家具，摆弄着自己喜爱的小玩意儿，她们的品位得到完全的体现。整个家庭的氛围是那样的温馨、舒适，使人的心灵得到慰藉，生活变得更为甜蜜。

还有一些家庭主妇，她们把家务活看成是累赘，如果可能的话，宁愿以少活两年来换取免做一切家务。她们厌恶家务活。只要稍有可能，她们就会拖延或干脆省掉那些家庭劳动，即使是被迫做了一些，也是非常糟糕的，甚至一片狼藉，整个房间乱七八糟，毫无舒适感。在这样的家庭里，心灵怎么会得到满足呢？你只会觉得一切简直是糟糕极了。换句话说，她是以应付了事的心态在做事，而不像前面提到的家庭主妇，是把做家务当成了一门艺术。

当一个人喜爱他的工作时，这是很容易就能看出来。他十分投入，其表现出来的自发性、创造性、专注和谨慎，非常明显。而这在那些视工作为应付差事、枯燥乏味的人那里，是根本看不见的。

对于懒惰的主妇，如果某个仆人生病或外出有事，她不得不做家务活时，就会咆哮如雷，大发雷霆；而在另一种主妇那里，却会充满同情心，认为刚好给仆人们一个放假的机会，对偶尔亲手做一些事、准备一顿晚餐也甚为高兴。具有这种心态的家庭主妇，做什么事都会全身心投入，表现出自己高雅的品位，以愉快的心情和艺术家的眼光审视自己的工作，而在那些觉得家务劳动乏味无聊的人那里，就会是相反的情形。

这样的情形在办公室、商店、工厂里随处可见。一些职员散漫拖沓似乎连走路都费很大的劲，让人觉得，对他们来说生活是一个沉重的负担。他们厌恶自己的工作，希望一切都快些结束，他们根本就不清楚，为什么别人能充满热情，干劲十足，自己却总是觉得不管什么事情都乏味无聊。看着这样的职员干活，简直就是受罪，他们愤世嫉俗。而那些充满乐观精神、积极上进的人，做什么事都干劲十足，神情专注，心情愉快，自己创造机会、把握机会，一心想把工作做得更好。对工作的不同态度：或充满热情或不冷不热，或专注投入或冷漠淡然，其最终的结果存在着天壤之别。

每一个老板自然而然地觉得，兢兢业业，神情专注，充满热情的员工更加值得信任。每一次提升对他们都是莫大的鼓励。这些员工的积极心态也往往容易感染上司，上司也知道，这样的下属在竭尽全力帮助自己，并且对那些散漫拖沓的员工也是一种激励。另一方面，在那些冷漠、马虎、懒惰的员工的影响下，领导者的工作态度也会改变很多，存在一种随遇而安的心理。所以，他会自觉地与有良好心态的员工在一起，关心他们的生活，对那些不专心工作，逃避责任，不注重实绩的员工，有一种本能的排斥心理。

即使是补鞋这个工作，也有人把它当作艺术来做，全身心地投入进去。无论是缝一个补丁还是换一个鞋底，他们都会一针一线地精心去做。

这样的补鞋匠给你的感觉他就是一个真正的艺术家。但是，另外一些人则相反。随便打一个补丁，根本不顾及它的外观。仿佛自己只是在谋生，根本没有热情来关心自己生活的质量。而前一种人则热爱这项工作，不总想着会从修鞋中赚多少钱，而是希望自己手艺更精，成为当地最好的补鞋匠。

有一些速记员，他们的速记能力很强，而且精神状态好，让老板也能感受到真正的愉悦。但另一些速记员，对工作粗心大意敷衍了事，从不认真要求自己，只求速成，不管工作质量，即便是犯了错误也不在乎。这在前者看来却会大为不安，假如由于个人的问题而使老板受损，更是痛苦不堪，就像公司是自己的一样。

有一些教师对自己非常严格，在教书育人的生涯中竭尽全力，以满腔爱心、同情心和责任心对待每一位学生，学生也能从他那里得到教益，受益无穷。他们好像要把温暖的阳光一丝不留地照射到每个学生的心中。教室就好比他们的作画室，而他们是站在画布前面的大师，聚精会神于自己的创作。另外一些教师的态度则恰恰相反，从早晨一开始就对一天的工作感到乏味，想到要去给那些愚蠢的学生上课，就深恶痛绝，想着如果哪一天不用上课就解放了。他们的心态是得过且过，反而把不良心态传染给了学生。

有一个美国农民，他费尽心思，砌了一堵石墙，就像一位大师要创作一幅杰作一样，非常专注认真。他反反复复地审视着每一块石头，研究着每块石头的特点，思考着怎样才能把它放在最佳的位置。砌好以后，站在周围，从不同的角度，细细打量，像一位伟大的雕刻家，欣赏着粗糙的大理石变成的精美塑像，内心非常地欣慰。他把自己的品格和热情都倾注到了每一块石头上。每年，他的农庄门庭若市，因为参观的人摩肩接踵，他也很乐意解说每一块石头的特点以及自己是怎样把它们的个性充分展现出来的。对任何一个细节，任何一件小事都认真对待、关注，每做一件事情都全身心地投入，你终究有一天会成功的。

激情：点燃你心中的工作之火

激情(enthusiasm)一词的构成说明了一切。激情一词的来源是希腊语前缀"en"，意思为在里面，词根为"theos"，意为"神"。把它们合在一起，就是激情的定义："en-theos"（"心中的神"）。

想想，如果你心中有了神，你就会光芒四射、生机勃勃、激情洋溢、坚强有力、活力无穷、积极参与，这些词语无穷无尽。激情让我们点燃心灵之火，激情让我们拥有生命。如果没有心灵之火，没有生活激情，没有工作激情，没有家庭激情，没有开创未来的激情，怎么能期望别人对我们的生活、工作、家庭和未来充满激情！

美国伟大的哲学家爱默生说："不倾注激情，休想成就丰功伟绩。"激情是工作的灵魂，是一种能把全身的每一个细胞都调动起来的力量，是不断鞭策和激励我们向前奋进的动力。在所有伟大成就过程中，激情是最具有活力的因素，可使我们不惧现实中的重重困难。每一项发明，每一个工作业绩，无不是激情创造出来的，激情是工作的灵魂，甚至就是工作本身。

比尔·盖茨有句名言："每天早晨醒来，一想到所从事的工作和所开发的技术将会给人类生活带来的巨大影响和变化，我就会无比兴奋和激动。"

比尔·盖茨的这句话阐释了他对工作的激情。在他看来，一个成就事业的人，最重要的素质是对工作的激情，而不是能力、责任及其他（虽然它们也不可或缺）。他的这种理念，成为微软文化的核心，像基石一样让微软王国在IT世界傲视群雄。

以充满激情的心态融入到工作当中，我们的工作就会发生巨大的改变，著名人寿保险推销员弗兰克·贝特格在他的自传中，向我们充分诠释了这一点：

"在我刚转入职业棒球界不久，我就遭到了有生以来最大的打击——我被开除了。理由是我打球无精打采。老板对我说：'弗兰克，离开这儿后，无论你去哪儿，都要振作起来，工作中要有生气和热情。'这是一个重要的忠告，虽然代价惨重，但还不算太迟。于是，当我进入纽黑文队时，我下定决心在这季联赛中一定要成为最有激情的球员。"

"从此以后，我在球场上就像一个充足了电的勇士。投球是如此之快、如此有力，以至于几乎要震落内场接球同伴的手套。在烈日炎炎下，为了赢得至关重要的一分，我在球场上奔来跑去，完全忘了这样会很容易中暑。第二天早晨的报纸上赫然登着我们的消息，上面是这样写的：'这个新手充满了激情并感染了我们的小伙子们。他们不但赢得了比赛，而且看来情绪比任何时候都好。'那家报纸还给我起了个绰号叫'锐气'，称我是队里的'灵魂'。三个星期以前我还被人骂作'懒惰的家伙'，可现在我的绰号竟然是'锐气'。"

"于是我的月薪从25美元涨到185美元。这并不是我球技出众或是有很强的能力，在投入热情打球以前，我对棒球所知甚少。除了'激情'还有什么能使我的月薪在十天内竟上升700%呢？"

"退出职业棒球队之后，我去做人寿保险推销工作。在十个月令人沮丧的推销之后，我被卡耐基先生一语惊醒。他说：'贝特格，你毫无生气的言谈怎么能使大家感兴趣呢？'我决定以我加入纽黑文队打球的激情投入到做推销员的工作中来。有一天，我进了一个店铺，鼓起我的全部热情试图说服店铺的主人买保险。他大概从未遇到过如此热情的推销员，只见他挺直了身子，睁大眼睛，一直听我把话说完，最终他没有拒绝我的推销，买了一份保险。从那天开始，我真正地展开推销工作了。在12年的推销生涯中，我目睹了许多推销员靠激情成倍地增加收入，同样也目睹更多人由于缺少激情而一事无成。"

弗兰克·贝特格在事业上有所成就，与其说是取决于他的才能，不如说是取决于他的激情。凭借激情，他在烈日当空的酷热中奋勇发挥；凭借激情，他说服了自己的客户，最终创造出不凡的成就。

一个人如果仅仅是勉强完成职责，那么，他做起事来就会马马虎虎，稍遇困难就会打退堂鼓，很难想象这样的人能始终如一地高质量地完成自己的工作，更别说能做出创造性的业绩了。如果你不能使自己的全部身心都投入到工作中去，你就难以得到成长和发展的机会，无论做什么工作，都可能沦为平庸之辈。

只有在热爱工作的前提下，才能把工作做到最好。一个人在工作时，如果能以精进不息的精神、火焰般的热忱，充分发挥自己的特长，那么即使是做最平凡的工作，也能成为最精巧的工人；如果以冷淡的态度去做哪怕是最高尚的工作，也不过是个平庸的工匠。

当你满怀激情地工作，并努力使自己的老板和顾客满意时，你所获得的利益会增加。而工作中最巨大的奖励还不是来自财富的积累和地位的提升，而是由激情带来的精神上的满足。

让我们先来看看美国前教育部部长、著名教育家威廉·贝内特的一段叙述：

一个明朗的下午，我走在第五大街上，忽然想起要买双短袜。于是，我走进了一家袜店，一个年纪不到20岁的少年店员向我迎来。

"您要什么，先生？"

"我想买双短袜。"

"您是否知道您来到的是世界上最好的袜店？"他的眼睛闪着光芒，话语里含着激情，并迅速地从一个个货架上取出一只只盒子，把里面的袜子逐一展现在我的面前，让我赏鉴。

"等等，小伙子，我只买一双！"

"这我知道"，他说，"不过，我想让您看看这些袜子有多美，多漂亮，真是好看极了！"他脸上洋溢着庄严和神圣的喜悦。

我对他的兴趣远远超过了对袜子的兴趣。我诧异地望着他。"我的朋友"，我说，"如果你能一直保持这种热情，如果这热情不只是因为你感到新奇，或因为得到了一个新的工作。如果你能天天如此，把这种激情保持下去，我敢保证不到10年，你会成为全美国的短袜大王。"

我对这段叙述中的少年做买卖的自豪感和喜悦感感到惊异。在许多商店，顾客需要静候店员的招呼。当某位店员终于屈尊注意到你，他那种模样会使你感到是在打扰他。他不是沉浸在沉思中，恼恨别人打断他的思考，就是在同一个女店员嬉笑聊天，叫你感到不该打断如此亲昵的谈话，反而需要你向他道歉似的。无论对你，或是对他领了工资专门来出售的货物，他都毫无兴趣。

然而，就是这个冷漠无情的店员，可能当初也是怀着希望和激情开始他的职业的。刚刚进入公司的员工，自觉工作经验缺乏，为了弥补不足，常常早来晚走，斗志昂扬，就算是忙得没时间吃午饭，也依然开心，因为工作有挑战性，感受当然是全新的。

这种在工作时激情四射的状态，几乎每个人在初入职场时都经历过。可是，这份激情来自对工作的新鲜感，以及对工作中不可预见问题的征服感，一旦新鲜感消失，工作驾轻就熟，激情也往往随之湮灭。一切开始平平淡淡，昔日充满创意的想法消失了，每天的工作只是应付完了即可。既厌倦又无奈，不知道自己的方向在哪里，也不清楚究竟怎样才能找回曾经让自己心跳的激情。他们在老板眼中也由前途无量的员工变成了比较称职的员工。

但是，如果你在周一早上和周五早上一样精神振奋；如果你和同事、朋友之间相处融洽；如果你对个人收入比较满意；如果你敬佩上司和理解公司的企业文化；如果你对公司的产品和服务引以为豪；如果你觉得工作比较稳定；只要对以上任何一个问题，你的回答中有一个"是"字，我就要告诉你："你'可以'恢复工作激情。"

让激情之火在你的心中熊熊燃烧吧。它会让你时刻充满了热情与力量，会让你的工作变得充满乐趣，会让你的生命充满朝气。

勤奋：勤奋的人迟早会成功

作为企业中的员工，你更要相信，勤奋是检验成功的试金石。即使你天资一般，只要勤奋工作，就能弥补自身的缺陷，取得优异的成绩，最终能以自己的行动为他人做出榜样。

一个人即使没有一流的能力，但是一定要有勤奋踏实的工作，勇当榜样的精神。反之即使能力无人能比，同样不会拥有广阔的职场发展空间。

从我做起，以身作则的员工认为世界上绝顶聪明的人很少，绝对愚笨的人也不多，一般都具有正常的能力与智慧，但是，为什么许多人都与成功绝缘呢？

世界上到处都是一些看来很有希望成功的人——在很多人的眼里，他们能够成为而且应该成为各种非凡人物，但是，他们最终并没有成功，原因何在？

一个最重要的原因在于他们不愿意付出与成功相应的努力而习惯于投机取巧。他们希望到达辉煌的巅峰，却不愿意走艰难的道路；他们渴望取得胜利，却不愿意做出牺牲。投机取巧是一种普遍心态，而成功者之所以成功的秘诀就在于他们能够超越这种心态。

有这样一个故事：

一个人看见一只幼蝶在茧中拼命挣扎了很久，觉得它太辛苦了，出于怜悯，就用剪刀小心翼翼地将茧剪掉了一些，让它轻易地爬了出来，然而不久这只幼蝶竟死掉了。幼蝶在茧中挣扎是生命过程中不可缺少的一部分，是为了让身体更加结实、翅膀更加有力，而这种投机取巧的方法只会让其丧失生存和飞翔的能力。

同样，在工作中投机取巧能让你获得一时的便利，但却可能埋下隐患，从你工作的长远发展来看，是有百害而无一利的。

投机取巧只能令你日益堕落，只有勤奋踏实、尽心尽力地工作才是最高尚的，才能给你带来真正的幸福和快乐，才能助你成功。

生活中有很多实例生动地证明了这样一个道理：无论事情大小，如果总是试图投机取巧，可能表面上看来会节约一些时间和精力，但事实往往是浪费更多的时间、精力和财富。

一旦养成投机取巧的习惯，一个人的品格就会大打折扣。做事不能善始善终、尽心尽力的人，其心灵亦缺乏相同的特质。他因为不会培养自己的个性，意志无法坚定，因此无法实现自己的任何追求。一面贪图享乐，一面又想修道，自以为可以左右逢源的人，不但享乐与修道两头落空，还会后悔不已。

一位先哲说过："如果有事情必须去做，便积极投入去做吧！"另一位哲人则道："不论你手边有何工作，都要尽心尽力地去做！"

所以从我做起，以身作则的员工认为事无大小，竭尽心力，力求完美，是成功者的标记。

在一个公司里，并不是仅仅具有杰出才能就能得到提拔，那些勤奋刻苦，并有良好技能的人才有更多的机会。

公司老板总是把勤奋刻苦作为对员工的最好教育。

在工作中，许多人都会有很好的想法，但只有那些在艰苦探索的过程中付出辛勤劳动的人，才有可能取得令人瞩目的成果。同样，公司的正常运转需要每一位员工付出努力，勤奋刻苦在这个时候显得尤其重要，而你勤奋的态度会为你的发展铺平道路。

命运掌握在勤勤恳恳工作的人手上，所谓的成功正是这些人的智慧和勤劳的结果。即使你的智力比别人稍微差一些，你的实干也会在日积月累中弥补这个劣势。

实干并且坚持下去是对勤奋刻苦的最好注解。要做一名好的员工，你就要像那些石匠一样，他们一次次地挥舞铁锤，试图把石头劈开。也许100次努力和辛勤地捶打都不会有什么明显的结果，但最后的一击石头终会裂开。成功的那一刻，正是你前面不停地刻苦积累达成的结果。

为了取得更好、更大的工作成就，你必须不断地奋斗，勤奋刻苦地工作。如果你是有远大志向的人，每天都应该把这个问题在自己的心中问上几遍："我勤奋吗？"

勤奋敬业的精神是你走向成功的基础，它更像一个助推器，把你自己推到成功面前。如果有一天你终于成功，你应该自豪地对自己说："这都是我刻苦努力的结果。"

与之相反，懒惰是成功的天敌。你可以问自己：我能否靠自己的努力生存下去？认真地问自己，不要给自己放宽条件。如果现在觉得你还做不到，那么你必须不懈努力，勤奋刻苦，用自己的实干达到这样的目标。一旦你觉得要靠自己活下去，那么你就是一个有价值的人，而办法只有一个，就是勤奋。

成功者都有一个共同的特点——勤奋。在这个世界上，投机取巧是永远都不会到达成功之路的，偷懒更是永远没有出头之日。

在一般人的眼里，汉夫雷·戴维肯定不是命运的宠儿。从小他接受教育和获得科学知识的机会都很有限。然而，他是一个真正有着勤奋刻苦精神的年轻人。当他在药店工作时，他甚至把旧的平底锅、烧水壶和各种各样的瓶子都用来做实验，锲而不舍地追求着科学的真理。后来，他以电化学创始人的身份出任英国皇家学会的会长。

年轻的约翰·沃纳梅克每天都要徒步行走四英里到费城，在那里的一家书店工作，每周的报酬是 1.25 美元，但他勤奋刻苦的精神让人感动。后来，他又转到一家制衣店工作，每周多加了 25 美分的工资。从这样的一个起点开始，他勤奋刻苦地工作，不断地向上攀登，最终成为了美国最富有的商人之一。1889 年，他被哈里森总统任命为邮政总局局长。

即使你从事着最卑微的工作，只要你着手劳动了，你的整个灵魂必将化为一种真实的和谐。疑虑、欲望、忧伤、懊悔、愤怒、失望等都将不复存在，那么你离成功也就不会太远了。

　　从事农业生产是一个很平凡的工作，但在古罗马，人们却非常尊敬这一职业，那些凯旋回来的士兵和将军都要去务农。这个国度推崇勤劳的品质，古罗马人把勤奋和功绩作为他们的箴言，甚至连古罗马皇帝临终前留下来的遗言竟然都是"让我们勤奋工作！"

　　成功需要刻苦地工作。作为企业员工，你更要相信，勤奋是检验成功的试金石。即使你天资一般，只要勤奋工作，就能弥补自身的缺陷，取得优异的成绩，最终能以自己的行动为他人做出榜样。

坚持：走向成功的最后一步

　　每个人的人生都有很多路要走，但不管朝向哪一条路径，困难、艰苦与险境都一定会出现。因此，我们不必动辄改道或临阵脱逃，唯有坚持下去，我们才能建立起坚强的信心，获得最后的胜利。

　　有位年轻人从学校毕业后，进入一家石油公司任职，随即被总公司分配到一个海上油田工作。工作第一天，工头便要求他，要在限定时间内登上几十米高的钻井架，并将一个包装好的漂亮盒子，送到最顶层的主管手中。他拿着盒子，迅速登上又高又窄的舷梯。当他气喘吁吁地登上顶层后，只见主管在盒子上签了自己的名字，又让他送回去给工头。他一接到命令，连忙又快速地跑下舷梯，并把盒子交给工头。但是，没想到工头草草签完名字之后，又原封不动地交给他，要求他再送回去给顶层的主管。

　　年轻人看了看工头，却又不知道要如何发问，只得乖乖地跑上顶层。然而，主管这回同样只在盒子上签名而已，便又要他送回去。年轻人就这样来来回回，莫名其妙地上下跑了两次，心里隐约感觉到，这一切似乎是主管与工头故意刁难他。直到第三次，这个全身都被海水溅湿的年轻人，内心已经充满熊熊怒火，不过他仍然强忍着怒气。当他第三次将盒子送来给主管时，主管则说："把它打开。"年轻人将盒子拆开后，里头居然是一罐咖啡与一罐奶精，这会儿他更可以确定，这是主管与工头联合起来欺负他。他愤怒地看着主管，但是主管仿佛一点也没感觉似的，接着又对他说："去冲杯咖啡吧！"这个命令一下，年轻人再也忍不住了，用力把盒子摔到海面上，气愤地说："我不干了！"说完之后，他感觉痛快许多，因为一肚子的怒火全部发泄出来了！但是，主管却失望地摇了摇头，并对他说："孩子，你知道刚刚这一切，其实是一种训练啊！那叫做承受极限的训练，因为我们每天都在海上作业，随时都可能会遇到危险，因此，工作人员都必须要有极强的承受力，才有法子完成海上的作业与任务。"主管叹了口气说："唉！原本你前面三次都通过了，就差那么一点点，你无缘喝到自己冲泡的好咖啡，真是可惜！现在，你可以走了。"

成功与失败往往只差最后一步，就像故事里的年轻人，停在距离成功仅一步之遥的地方，也就等于放弃了原先的所有努力，如此一来，不管前面付出多少，他的最后结果终究是零。其实，没有经历过挫折与困难，又怎么能知道成功的滋味有多甜美？多吃点苦，我们才能在面对困难时，充满克服的勇气。别害怕挑战与难题，因为难题越多，我们越能找出解决方法；更别担心困境，只要我们有突破困境的信心，再险恶的境地我们都能安然渡过。只要我们多坚持一下，踏出自信的步伐，完成最后关键的这一步，我们就一定能轻松地站立在成功的殿堂里，享受甜美的成功滋味。

坚持的力量真的不容小觑。

古希腊大思想家、哲学家苏格拉底在给学生第一次上课时说："今天咱们只学一件最简单、也是最容易做的事儿。每人把胳膊尽量往前甩，然后再尽量往后甩。从今天开始，每天做300下，大家能做到吗？"

学生们都笑了。这么简单的事，有什么做不到的？一个月后，面对苏格拉底的提问，90%的同学骄傲地举起了手。

又过了一个月，八成同学坚持了下来。

一年过后，当苏格拉底再一次问大家时，整间教室里只有一人举起了手。这个学生就是日后成为西方哲学乃至整个西方文化史上最伟大的哲学家和思想家之一的柏拉图。

柏拉图并不是苏格拉底最聪明的学生，他的成功就在于他的坚持。正如荀子所说的："锲而舍之，朽木不折；锲而不舍，金石可镂。"

第十二章
让责任成就你的人生

坚守你的责任

责任是什么？当然不同的人会有不同的回答，就像是一千个观众的眼中就有一千个哈姆雷特一样。责任是对人生义务的勇敢担当；责任也是对生活的积极接受；责任还是对自己所负使命的忠诚和信守。一个充满责任感的人，一个勇于承担责任的人，会因为这份承担而让生命更有力量。

我们每一个人都在生活中饰演不同的角色。

无论一个人担任何种职务，做什么样的工作，他都有对他人的责任，这是社会法则，这是道德法则，这还是心灵法则。一个人或许能设法逃避承担责任，他可能会游刃有余地躲过社会法则的惩罚，但他最终很难逃过道德法则和心灵法则对他的惩罚。

在这个世界上，每一个人都扮演了不同的角色，每一种角色又都承担了不同的责任，从某种程度上说，对角色饰演的最大成功就是对责任的完成。正视责任，让我们在困难时能够坚持，让我们在成功时保持冷静，让我们在绝望时绝不放弃。因为我们的努力和坚持不仅仅为了自己，还有别人。

社会学家戴维斯说："自己放弃了对社会的责任，就意味着放弃了自身在这个社会中更好生存的机会。"放弃承担责任，或者蔑视自身的责任，这就等于在可以自由通行的路上自设路障，摔跤绊倒的也只能是自己。

我们从小就被告知，既要坚守自己的职责也要勇于承担自己的责任，因为在这个社会中，我们必须坚守责任。因为坚守责任就是坚守我们自己最根本的人生义务。

有这样一个故事：

一个漆黑的大雪天，约翰·格林中士正匆匆忙忙地往家赶。当他经过公园的时候，一个人拦住了他。"打扰了，先生，您是位军人吗？"看起来，这个人很焦急。约翰不知道发生了什么："噢，当然，能够为您做些什么吗？"

"是这样的，刚才我经过公园的时候，看到一个孩子在哭，我问他为什么不回家，他说，他是士兵，他在站岗，没有命令他不能离开这里。谁知道和他一起玩儿的那些孩子都跑到哪里去了，大概都回家了。天这么黑，雪这么大。"这个人说："我说，你也回家吧。他说不，他必须得到命令，站岗是他的责任。我怎么劝他回去，他也不听，只好请先生帮忙了。"

约翰和这个人一起来到公园，在那个不显眼的地方，有一个小男孩儿在那里哭，但却一动不动的。约翰走过去，敬了一个军礼，然后说：

"下士先生，我是中士约翰·格林，你为什么站在这里？"

"报告中士先生，我在站岗。"小孩儿停止了哭泣，回答说。

"天这么黑，雪这么大，为什么不回家？"约翰问。

"报告中士先生，这是我的责任，我不能离开这里，因为我还没有得到命令。"小孩儿回答。

"那好，我是中士，我命令你回家，立刻。"约翰的心又为之震了一下。

"是，中士先生。"小孩儿高兴地说，然后还向约翰敬了一个不太标准的军礼，撒腿就跑了。

约翰和这位陌生人对视了很久。最后，约翰说："他值得我们学习。"

小男孩儿的倔强和坚持看起来似乎有些幼稚，但在这个孩子身上体现的对于责任的这种坚守是很多成年人无法做到的，我们不仅对自己负有责任，我们还对别人负有责任。正是责任把所有的人联结在一起，任何一个人对责任的懈怠都会导致整个社会链的不平衡。

我们这个世界就像一个大机器，每一个人都是机器上的一个齿轮，任何一个齿轮的松动都会引起其他齿轮的非正常运转，进而影响到整个机器。对于这个社会如此，对于社会的一个单元——企业，亦是如此。

亲爱的员工，你是否趁经理不注意时偷偷地开小差，或者煲与工作无关的电话粥，就像当年上课时趁老师不注意偷偷地摆弄新买的铅笔刀？又是否将本来属于自己的工作推托给其他的同事，就像"大个子吉姆"从来都认为别人比自己干得少？抑或当老板布置一项任务时，你不停地提出这项任务有多艰巨，暗示老板是否在你做成之后给你加薪或者你做不成也情有可原，因为这的确不是一项容易的工作？

这样的人不多但也不是少数，要不然有问题的企业为什么还那么多，顾客的满意率为什么还那么低？每一个老板都清楚他自己最需要什么样的员工，因为一个员工有时就代表一个企业的整体。所以，亲爱的员工，不要以为自己只是一名普通的员工，其实你能否担当起你的责任，对整个企业而言，同样有很大的意义。

对一名企业的职员来说，责任是什么？责任就是自己所负使命的忠诚和信守，责任就是对自己工作出色的完成，责任就是忘我的坚守，责任就是人性的升华。总之，责任就是做好企业赋予你的任何有意义的事情。

责任是一种工作态度

一位曾多次受到企业嘉奖的员工说："我因为责任感而多次受到企业的表扬和奖励，其实我觉得自己真的没做什么，我很感谢企业对我的鼓励，其实担当责任或者愿意负责并不是一件困难的事，如果你把它当作一种生活态度的话。"

其实，在很多教育中，就有关于责任感的训练。注意生活中的细节也有助于责任的养成。大家都说习惯成自然，如果责任感也成为一种习惯时，也就慢慢成了一个人的生活态度，你就会自然而然地去做它，而不是刻意去做的。当一个人自然而然地做一件事情时，当然不会觉得麻烦和累。

当你意识到责任在召唤你的时候，你就会随时为责任而放弃别的什么东西，而且你不会觉得这种放弃对你来讲很不容易。

比如对于承诺的信守，这就是你的责任。一旦你做出什么承诺给别人，别人可能会对你的承诺守信表示赞美，你可能就不会欣然而喜，因为你觉得自己本该这么做，这是你的一种生活态度。

比如守时也是一个人最基本的责任。要知道，一个人的不守时就等于在浪费别人的生命，我们有能力承担这样的后果吗？在我们的生活中，总会遇到一些不守时的人，人们自己对此不以为然，这也是他们的生活态度。

所以说，负责任是一种生活态度，不负责任也是一种生活态度。

作为企业的一名员工，有责任遵守企业的一切规定。当你违背了企业的规定但却没有足够的理由，形式上的惩罚并不能掩盖你对自身责任的漠视。

比如，你上班时迟到了五分钟，企业可能就扣掉了你当月的奖金，你很可能对企业的处理愤愤不平："不就迟到五分钟吗？有什么了不起的？也不会有多大影响。"其实，如果你仔细反思一下自己，企业的每个人都迟到五分钟，那会怎么样？你违背了企业的规定，企业如果没有对你进行处罚，那么对别人呢？企业的规定岂不是形同虚设？有人曾严厉地提出："一个没有制度规范的企业，根本不会有什么前途。"所以，遵守企业的规定是每一个员工的责任。

当你已经习惯了别人替你承担责任，那么你将永远亏欠别人，你的腰板就永远也不会挺直。所以，把责任作为一种生活态度是最好的。这样既不会觉得责任给自己带来的压力，也不会因为自己承担责任而觉得别人欠了你什么。

尤其是当责任由生活态度成为工作态度时，工作对于自身的意义就不仅仅是赚钱那么简单，也就不会因为企业的规定而觉得自己的自由受到了羁绊，更不会做出违背企业利益的事。

有人说有几个人对租来的车子，会像对自己的车子那般细心维护？有几个人在归还租来的车子之前，会把车子洗干净？

责任感有可能就在这样的小事中失掉，责任感也会在这样的小事中建立起来。

作为员工，不要总抱怨老板没有给你机会，有空的时候不妨仔细想一想，你是否能够在老板交给你任务时，漂亮地完成任务并且没有那么多的废话？你是否平时就给老板留下了一个能够承担责任勇于负责的印象？如果没有，你就别抱怨机会不来敲你的门。

当你少一些抱怨、少一些牢骚、少一些理由，多一分认真、多一分责任、多一分主动的时候，你再看看机会会不会来敲你的门？

凡事多为老板考虑

如果一个人在工作中能做到刻苦、有忍耐力、反应敏捷、处处替老板考虑，随时随地都能想出一些明智、有创见、完善的方案来，那他的上司自然会逐渐重视他。没有一个雇主不喜欢忠诚可靠的部属，他们时时在观察部属是否可靠。雇主对于员工的勤奋程度、做事的成效，都知道得一清二楚。任何工作不努力、错误不断的员工都逃不过他的眼睛，迟早都会被发现。大部分雇主对员工的品格也知道得很详细，他明白谁会寻找机会偷懒，谁习惯在老板面前假装卖力。最容易让雇主信任的下属，总是能做到认真工作、从不怠惰、忠于职守。一个员工如果想获得晋升，首先要得到雇主的信任。任何雇主绝对不会无缘无故地提拔一个他不信任的人。

雇主所希望的是这样的员工：无论在他面前还是他不在的时候，都一样努力，一样忠实可靠，甚至在无人监督的情况下，做事会更为卖力。而那些迅速晋升的人，往往随时随地都会考虑雇主的利益，他会替雇主分担工作，竭尽全力来协助雇主去实现经营计划。

所以，在工作中要获得成功的秘诀有三条：一、忠于自己的职责，诚实可靠；二、随时随地考虑雇主的利益；三、刻苦耐劳，全力以赴。

如果你希望尽快获得晋升，早些获得较高的职位，那就绝不可以养成非监督逼迫不能好好工作的恶习。你必须主动去做好雇主希望完成的事情，你还必须调动你所有的创造力、洞察力、执行力，去迅速解决随时随地产生的问题。做任何职业，你都不能这样想："只要照着上司的吩咐去执行，按部就班去做就可以了。"你必须在做事过程中尽力使你的智慧、思想和创造力发挥得淋漓尽致，惟有这样，别人才会重视你、尊重你。

你要认真观察周围的事情，其中有很多事是可以不必等上司吩咐就应该去做的。如果对于这些事，你这样想："反正老板不在这里，就省省力气吧"，那你的前途就岌岌可危了。事事马马虎虎，处处投机取巧，时时都认为自己所耗的精力和时间已经大大超过薪水的酬报，因为没有额外的津贴便不再多加努力，也不肯多提一些如何改善经营的建议，对于同事也表现出冷淡、轻视的态度，还常常对同事们说不要白白替雇主效劳！这样的人，无论学识多高、本领多大，也绝不会有出人头地的一天。

自私是成功道路上的最大障碍。有些人常常惊奇自己为何升迁得这样慢，如果老板对他们说："这全是因为你太自私的原因。"他们一定会感到惊讶。其实，如果他们足够明智，能替雇主考虑一下，就知道他们最需要的就是脚踏实地、刻苦努力、自动自发、兢兢业业的员工，这样的员工也必然是晋升得最快的。

职业、薪水与回报

　　一个人做事粗心大意，忽视他人的权利，其原因往往在于，他们并不知道人与人之间是一种唇齿相依的兄弟般的关系；他们更不知道，如果一个人不能尽职尽责，这不仅会对他自身的发展造成危害，而且会给自己的内心世界抹上一层阴影。如果是这样的话，这一习惯所带来的不良后果是多少金钱也不能够弥补的。

　　一家报社有一位年轻女职员，因为工资待遇不高，她说她不会努力工作的。因为工资待遇不高，就不去努力做好工作，这种观念阻碍了成千上万青年人的进步，使他们难以出人头地。待遇低，也不能作为工作马虎的借口。一个人完成的工作质量，也许不是与他的工资待遇完全成正比的，但正是在出色的工作质量背后包含了成功的因素。

　　良好的品格是一个人取得成功的重要因素。

　　你给上司留下怎样的印象，将会在你未来的职业生涯中起到极其重要的作用。即使你的顶头上司没有注意到你品格方面的优点，别人也会注意到的。

　　我曾听纽约的一位百万富翁谈起他的人生经历。在他还是个小孩的时候，他与纽约的一家织物类的大商店订下了口头协议，他在商店工作5年，每周的工资是7美元50美分。到第3年年底这位青年人因工作努力，他判断货物质量的工作技能得到了较大提高，另外一家企业想以年薪3000美元的待遇聘请他，派他到国外当采购员。他没有向老板提起这桩事。他与老板订下的协议尽管是口头的，在还未到期之前，他没有提出提前中断协议的要求。所以，他没有接受另外一家企业的高薪聘请。

在别人看来，这样的做法也许是愚蠢的行为。但结果却是这样：他成了所在商行的合伙人。在协议期满之后，商行给他年薪1万美元。在开始，别人的薪水是他的许多倍，但他却是最后的胜利者。

可以设想这样的情景，当时他自言自语地说："他们只给我每周7美元50美分的薪水，我就只拿这么多。在我每周只拿7美元50美分的工资时，我就不会蠢蠢欲动，想要去挣取每周50美元的薪水。"很多年轻人本该这样说这样做，但他们事实上却未能做到，这就是他们为什么成不了杰出人物的原因。

年轻人在事业的一开始就该明白，做任何事必须遵循一项原则，就是不要在乎薪水的多少，要尽力把事情做得最好。

如果你的工作做得不好，这不仅仅是欺骗上司的问题，更重要的是在欺骗你自己。如果你不能圆满完成你的工作，你对上司所造成的损害，其实不及对你自己所造成的损害的一半。

对于老板来说，至多不过是损失些金钱；但对于你自己来说，却丢失了自尊和美德，你失去了自己做人的基本原则。而这些东西都是需要在日常的工作和思想中逐步积累的。有谁能够利用破烂的纱线编织成装点人生的彩锦呢？

企业兴亡，我的责任

　　最重要的东西永远在最后，在你即将读完本书的时候，我要告诉你最关键的一条，那就是无论你在哪里上班，无论你从事的是什么样的工作，心中一定要永远记住这句话：企业兴亡，我的责任。

　　有人将企业比喻成一条船，这实在是一个再好不过的比喻了。日本松下电器就将自己的企业比作一条冰海里的船。在这个企业，无论是办公室、会议室，还是生产车间的墙壁上，到处都可以看到这样一幅招贴画，画的上面就是一条即将撞上冰山的轮船，在画下面写着一行十分醒目的字："只有你，才能挽救这条船。"这个企业多年来都经营得特别好，员工待遇也相当高，是什么原因？就是因为这个企业所有的员工一直以来都与企业共命运。他们都知道，掌握企业命运的不仅仅是董事长，不仅仅是董事会成员，也包括他们自己。

　　一个企业，只有每个人都能做到"企业兴亡，我的责任"，这样的企业才能真正取得胜利，并且能够永远领先于别人。因为，如果企业的每个员工都能主动负责，天下哪有不兴盛的企业？哪有不团结的组织？所以说每个职员都应该把责任拉到自己身上来，而不是推出去。在费特曼企业就是这样，如果企业哪个办公室很脏，经理问："怎么回事？"假如有个员工站起来说："报告，今天麦克值日，他没有打扫卫生。"那么，这个员工是要被立即解雇的。在费特曼企业，员工会这样说："对不起，经理，这是我的责任。"然后马上去打扫。灯泡坏了，哪个员工看见了，自己就会掏钱去买一个安上。窗户玻璃坏了，员工自己马上买一块换上它……这才是教育，不是把责任推出去，而是揽过来。也许有些人说这是吃亏，我告诉你，吃亏就是占便宜，这种教育要牢牢记在心里，我们每个人都要记住！

我们每个人都要努力训练自己"企业兴亡，我的责任"这样的思想。任何一个企业，不可能每件事情都只由规定的人员来做，一旦发生什么变故，应该每个人都能够负起责任来。

我们不仅要做好本职工作，更应该努力多做一点儿，只要是有益于企业的，我们就应该全力以赴地去做。因为，只要是有益于企业的事情，就会是有益于自己的事情。

附录：企业责任问题及解决方案

1．人才结构老化、多数不胜任者占据公司的主要领导职位；人才战略产生管理内耗。

现象：

（1）很多创业元老，在公司发展过程中作出卓越贡献，但公司发展壮大后，无法适应公司的发展需求，而老板碍于感情，还依然让他们担当重要的职位，很多有能力的人得不到提拔和重用。

（2）老板的亲戚朋友在公司，虽然能力不强，但考虑到他们的忠诚度，也依然让他们担任重要位置。

根本原因：

（1）老板没有狼性，不愿下手；

（2）人力资源储备不足，不敢下手。

导致后果：

（1）不胜任者占据位置，能人有能力没有发挥余地，人才内耗；

（2）员工对自己在企业的长期发展信心不足，得不到晋升，工作动力不强。

解决方案：

（1）企业家要有狼性，以结果为导向，建立优胜劣汰机制；

（2）作好充分的人力资源储备。

2．员工总是不尽力。

现象：

员工做事应付了事，拖拖拉拉，只做任务，不注重结果。

根本原因：

（1）企业机制不全；

(2)员工本人问题：员工不知道工作的意义，看不到自己的未来；员工付出与回报不成比例。

导致后果：

公司效率低下，员工做事提供不了结果。

解决方案：

(1)培训员工思想：从"要我做"变成"我要做"；

(2)与下属沟通他所在职位的意义，树立公司远景；

(3)让所有员工明白：员工与企业是商业交换的关系，交换的是结果；

(4)果因关系，好报才会有好人；

(5)用奖惩机制激发员工行动能力。

3. 总有许多理由让你的决定在执行一半时放弃。

根本原因：

理由第一，结果第二。

问题背景：

当公司对结果定义不清晰时，会出现这样的情况：员工对工作要取得的结果不清晰。

问题后果：

想法太多，聪明过头，不但光说不练，而且瞻前顾后，遇到问题总是为自己找退路，结果很多事情半途而废。长期这样，公司会达不成目标，自己也完不成业绩。

解决方案：

(1) 从文化方面改变员工的思想和做事习惯，建立结果提前，自我退后，锁定目标，专注重复的原则文化。

执行前：决心第一，成败第二。

执行中：速度第一，完美第二。

执行后：结果第一，理由第二。

(2) 建立奖惩和淘汰机制，要有一个明确的结果思维。

4. 不开会不知道做啥，开会了也解决不了啥。

现象：

今天开会明天开会天天开会，你也讲话我也讲话大家都讲话，却什么也没有解决。

根本原因：

（1）会议的结果不明确；

（2）没有设立流程。

导致后果：

失去了开会的意义，没有解决问题，流于形式，浪费时间，影响效率。

解决方案：

设立会议流程

（1）会议前：准备好会议所需资料，明确开会的结果。

（2）会议中：只谈与结果有关的话题，开到结果达成为止。

（3）会议后：总结，作出具体实施方案。

5. 付出比计划多 10 倍的精力，可往往只得到计划中 10% 的结果。

根本原因：

（1）公司有没有给足够的资源，对结果要求是否合理？

（2）员工做事方法本身有问题。

问题后果：

公司制定的计划完不成，公司的目标没有办法实现；员工的努力得不到结果，会丧失信心，做事情缺乏热情与积极性。

解决方案：

从公司层面：

（1）如果公司没有提供相应的资源，那么就应该公司作出改变。

（2）如果计划本身不合理，就要调整计划，企业应遵循"二八"效率原则，即抓 20% 的重点，一般而言，80% 的效率来自 20% 的重点。

（3）人们不会执行你的计划，只会执行自己的计划。

从员工层面：

做事情的方法有问题，那么就需要调整做事情的方式与方法。

6．部门之间相互推诿，人人规避风险，没人对结果和业绩负责。

现象：

销售部、生产部、研发部、财务部、采购部相互推脱责任。

根本原因：

（1）责任没有锁定好；

（2）奖罚不明确。

导致后果：

（1）企业内部形成推诿、扯皮风气，导致团队丧失凝聚力，业绩滑坡。

（2）问题得不到解决。

解决方案：

（1）明确部门责任，定义好结果，并界定清楚（一旦出现错误，没有推卸责任的机会）。

（2）对主动承担责任、对结果负责的员工予以嘉奖或肯定。

（3）培养或选择愿意主动承担责任的人作为部门的负责人，树立榜样。

（4）设立监督和检查。

7．有些制度、规章在老员工身上执行时就会拐弯、变形。

现象：

一些老员工跟老板一起打拼的时间很长，获得了老板的信任，当他违反制度的时候，老板也不会按制度惩罚他。

根本原因：

熟人文化，凡事"情在前，理在后"。

导致后果：

制度形同虚设。

解决方案：

（1）领导者观念要突破，凡事"理在前，情在后"。

（2）人性化与制度化的平衡：有情的领导，绝情的制度。

（3）制度的执行是自上而下的，先从老总以身作则开始。

8．关键人员判逃造成巨大损失。

根本原因：

人员组织系统有问题，员工的价值观与公司的价值观不符。

产生原因：

这是企业留才、育才，与吸才的问题。

导致后果：

（1）人才流失后企业要重新招聘新人，招过来的新人企业就要重新投入成本培训新人。

（2）人才流失后带走的技术在同行业开发的新产品很快抢占了市场，使得公司市场份额缩水，举步维艰。人才的流失对公司员工也造成很大的心理冲击，导致员工人心浮动，工作热情相对下降，工作效率大幅度降低。

解决方案：

（1）人是企业的重要资产，是创造企业价值的关键。员工会离开企业53%是因为薪资问题，企业可采取入股的方式让高层管理参股，像年度分红、奖励机制等一些方式。

（2）企业要训练员工发展，培育人才，推行学习性组织，透过这种培训方式能够提高员工的士气，降低人才的流失比例，创造更好的企业文化，增加公司的学习氛围，同时提升企业的形象。透过组织学习加强公司薄弱环节，提升竞争力。

从公司来说，要从两方面谈：

（1）防止关键人员判逃的措施：比如签保密协议，给员工以约束。

（2）判逃之后公司如何最小程度减小损失，比如做好人力储备。

9．小企业犯大企业病，程序繁多、部门壁垒、信息不通等。

现象：

企业很小，部门很多，办事程序繁琐。

根本原因：

（1）战略问题：企业过于追求管理的完美，不明白不同阶段的企业重点应该在哪里。

（2）各部门以自我为中心。

导致后果

企业内部沟通不畅，部门之间互相设置障碍，效率不高，企业严重内耗。

解决方案：

（1）根据企业现状，有效简化组织架构。

（2）以客户价值为导向，统一企业核心文化。

10．存在着大量的花拳绣腿、虎头蛇尾、好人主义等种种形式主义现象。

现象：

（1）员工做事在于形式，老板在的时候一个样，老板不在又不是一个样。

（2）员工做事刚开始很认真，越到后面越不行。

（3）领导都在做"好好先生"，员工做错了，说几句，迁就。

原因：

（1）管理层对员工做事的结果没有清晰的定义。

（2）没有检查和监督。

（3）没有明确的奖罚机制。

后果：

员工做表面工作，不提供结果，员工不能提供结果，导致企业无法生存。

解决方案：

（1）建立对事不对人的机制。

（2）设立监督和检查机制。

（3）以结果为导向，明确奖罚制度（让员工都注重结果，而不是任务）。

（4）让领导明白：迁就等于放弃，要求才是真爱。

11．人浮于事，碰到事情互相推托、遇到责任互相推诿，遇到荣誉就会争功。

问题原因：

（1）公司的文化出了问题，重视表面工作，讲形式不讲结果。

（2）没有建立起一对一的责任。

问题后果：

如果持续下去，会极度影响公司的效率，工作没人做，从而导致业绩滑坡

解决方案：

（1）检查公司的做事流程是否造成了不公平。

（2）培训或沟通，当一件事情结果不好的时候，首先要检讨自己。

（3）建立一个黑白分明的文化，让员工知道公司提倡什么，反对什么。

12．一竿子插到底，事情解决了，类似的事情却越来越多，治标不治本。

根本原因：

授权之后越权指挥。

问题背景：

当出现以下几种情况时，会出现这个现象：

（1）高层为了追求效率，直接下达命令以求效率（越权指挥）；

（2）高层对部属不信任；

（3）高层的个性。（个人因素不加以讨论）

后果：

如果高层管理人员总是越权指挥，会从以下两个方面造成影响：

（1）从部属来说，类似的事情下属可以解决但他就不会去解决，而是等着老板来解决。首先他怕自己出错让员工觉得他无能，影响自己在员工心中的位置；其次他等着老板出错，老板错了就证明他是对的。

（2）从员工层面来说，员工不知道该听谁的，造成在状况发生时，如果老板不在，问题就得不到及时解决，增加内耗及管理成本。

解决方案：

针对"越权指挥"，高层在授权时应当明确：

（1）既然被授权，就意味着为你承担责任，那么就要清楚地界定每个人的职责权限，无论是谁，都不得违越；

（2）逐级授权，每个下级只有一个直接上级，下级服从直接上级；

如果是高层对下属不信任，那么：

（1）下属要检讨高层不信任的原因；

（2）如无法找到，要亲自与高层沟通，了解高层的期望和改善的重点方向，

在以后的工作中加以改进。

13. 急需人才，但跳槽人数却急剧增长。

现象：

—— 企业需要人才，往内招聘人才的时候，内部的员工却出现跳槽的现象。

原因：

（1）薪酬不合理，低于行业薪酬。

（2）企业只注重员工的物质收入（如工资、工作条件、工作环境等），而在精神回报（如工作成就、社会认可、发展前途等）方面做得比较少。

后果：

（1）企业人力成本过高，但员工忠诚度不高。

（2）未来企业的竞争是人才的竞争，没有人才，不能为客户创造价值，企业无法生存。

解决方案：

（1）薪酬合理化。

（2）具体操作方案：

a、建立好的文化：

①让员工了解公司有明确的发展战略目标，并与个人发展相结合。

②注重员工个人发展，搭建公平的竞争平台，提供学习、培训机会，促使优秀人才脱颖而出。

③有情的领导。（使员工在精神和人格方面得到尊重，公司有良好的人际关系和工作环境。）

b、建立好的机制

①重视人力资源部，并发挥其作用；

②建立合理的分配制度与晋升制度，使员工的劳动贡献与劳动报酬能获得合理的肯定；

（例：公司骨干人才享有股份，给高层管理人员、产品设计开发人员、销售精英等骨干股份。）

（3）请猎头到公司评估员工在社会的价值。

14．工作不到位，借口一大堆，每个人都很忙，业绩却不断滑坡

根本原因：

"理由第一，结果第二"，执行要的是结果而不是完成任务。员工做事情时没有将公司要的结果放在第一位。

问题背景：

（1）当员工做事情时抱持着"完成任务"的心态。

（2）对结果不明确。

导致后果：

（1）公司内耗严重。

（2）长期会形成不良的做事文化。

解决方案：

（1）首先公司上下在思想上明确一个基本的道理：对结果负责是对我们工作的价值负责，而对任务负责是对工作的程序负责。

（2）领导者要清楚地向员工定义事情的结果。

（3）设立相应做事情的流程，按照流程执行，分阶段汇报，检查，奖惩。

15．公司没有核心文化，核心理念混乱。

根本原因：

老板有没有回答一个问题：我的公司靠什么凝聚人心？

问题背景：

老板对核心文化没有整体的概念。

老板不知道如何做？

导致后果

一个没有核心文化的公司不可能成为一个伟大的公司。

解决方案：

（1）树立远景、核心价值观及战略目标。

（2）你想要什么样的文化，你就要亲自向员工做出表率，员工会按你指引的方向走。

（3）不断地重复、重复、再重复。

16. 员工国事、家事、天下事，事事关心，就是不关心自己的。

根本原因：

高层没有将公司战略与员工个人战略相结合。

问题背景：

当公司没有让每个员工明确自己的责任的时候，就会出现这种情况。

导致后果：

（1）工作没有效率，内耗严重。

（2）员工在工作中体现不了自己的价值，找不到工作的乐趣。

（3）无法激发团队整体的创造性。

解决方案：

（1）让员工明确公司的战略。

（2）将公司的战略转化为员工的个人战略，建立一对一的责任。

（3）建立一套流程，让员工按流程做事。

17. 员工在思考，老板在行动。

现象：

战略制定下来后，到了执行层面，员工在思考为什么要这样做，这样做有什么问题等。老板为了及时得到结果，不得不自己采取行动。

原因：

（1）分不清战略和执行的区别，员工在执行层面还在讨论该不该执行。

（2）战略层跟员工沟通不到位，员工不知道如何去执行。

后果：

老板总是没时间，下属总是没工作。

解决方案：

（1）改变员工思想意识。执行前：决心第一，成败第二；执行中：速度第一，完美第二。

（2）战略制定后，老板跟员工沟通使其明白战略。

（3）根据战略制定出具体的做事流程。

（4）阶段性检查结果，迫使员工行动。